慈禧皇陵
大清陵墓解密

徐鑫 著

辽宁人民出版社

© 徐鑫　2022

图书在版编目（CIP）数据

慈禧皇陵：大清陵墓解密 / 徐鑫著 . —沈阳：辽宁人民出版社，2022.9
（皇陵探秘系列）
ISBN 978-7-205-10441-2

Ⅰ.①慈⋯ Ⅱ.①徐⋯ Ⅲ.①西太后—1835~1908—陵墓—研究 Ⅳ.① K928.76

中国版本图书馆 CIP 数据核字（2022）第 082983 号

出版发行：辽宁人民出版社
　　　　　地址：沈阳市和平区十一纬路 25 号　邮编：110003
　　　　　电话：024-23284191（发行部）　024-23284304（办公室）
　　　　　http：//www.lnpph.com.cn
印　　刷：北京长宁印刷有限公司天津分公司
幅面尺寸：165mm×235mm
印　　张：14.75
字　　数：180 千字
出版时间：2022 年 9 月第 1 版
印刷时间：2022 年 9 月第 1 次印刷
责任编辑：赵维宁
封面设计：乐　翁
版式设计：一诺设计
责任校对：耿　珺
书　　号：ISBN 978-7-205-10441-2
定　　价：49.80 元

前 言

清朝是我国封建社会的最后一个王朝,在统治中国的268年当中,有两个女人在清王朝占有举足轻重的地位和影响,一个是在幕后辅佐两代幼主的孝庄文皇后,另一个则是操纵两朝皇帝的慈禧。

说起这两个女人,孝庄文皇后辅佐清朝两代皇帝使得国力由弱转强,达到"康乾盛世"的顶峰。慈禧也是辅佐两代皇帝,国力却是由弱转为更弱,进而达到亡国境地。虽说这与时代背景有关,但更与两人的性格有关。孝庄文皇后视金钱如粪土,不图享受,以国家利益为重,一切以维护皇权、保护皇帝为目的。慈禧则是视权力和金钱如生命,贪图享受,损害国家利益,维护自己权力至上。对内残酷杀戮,暗害慈安,囚禁光绪帝,杀死珍妃,扼杀"戊戌变法",造成"戊戌六君子"惨案,政治上实行一人言统治。对外丧权辱国,卑躬屈膝,签订各种割地赔款不平等条约,以致后来签订的《辛丑条约》,将中国彻底推入半殖民地半封建社会的深渊,慈禧自己却依旧热衷于权力，仍然极尽地享受人间的荣华富贵。

孝庄文皇后生前并未建陵，死前遗嘱称想留在清东陵附近，死后暂安在清东陵风水墙外，雍正帝才改建为陵。慈禧生前就大肆营建陵寝，并单独建陵后又重修，她的陵寝规制高，建筑坚固，用料讲究，装修都是异常豪华，甚至超过了紫禁城的太和殿。陵寝中的雕刻和绘画，更是处处彰显其生前的权力至上和生活奢华。她根本没有考虑国力的艰难以及人民生活的困苦，所有的一切都是以己为中心，以享受为乐，唯我独尊，典型的"顺我者昌，逆我者亡"，她的快乐就是"权"和"钱"，是建立在国家和人民痛苦上的生活。这在她的陵寝建筑上表现得淋漓尽致，但也正因为如此，最终导致了她的陵寝被盗，被抛尸棺外，遭到羞辱，随葬珍宝流落他方。

笔者生活在临近清东陵的马兰峪，在清东陵工作过十余年，耳闻目睹知道和了解了许多关于慈禧及慈禧陵的各种逸事。随着影视和文学作品的泛滥以及各路视频网红和主播的八卦，各种无聊话题频频充斥了人们的休闲时光，很多内容不仅在扭曲清朝历史，更是误导了人们正确的历史观、价值观和人生观。为了减少和杜绝这类毁三观事情的继续，笔者以通俗易懂的方式讲述慈禧和她的陵寝故事，以一己之力，击破那些网络上胡说八道的谣言和传闻。

谁是慈禧陵的真正盗墓者？

慈禧陵是如何选址的？

慈禧陵的位置秘闻有哪些？

慈禧陵为什么比紫禁城都豪华？

清理慈禧陵内棺发生过什么秘闻？

前　言

慈禧的身世之谜如何？

慈禧的遗体今何在？

十八颗珍珠手串被秘密取走了吗？

……

走进慈禧陵，就让我们近距离解读慈禧陵的历史吧！

目 录

■■■ 前　言 | 001

■■■ 序　章　一块废弃的丹陛石 | 001

■■■ 第一章　神秘的慈禧陵 | 011

　　奇怪的西太后陵 ‖ 012

　　慈禧陵建陵之谜 ‖ 018

　　慈禧陵："金""木""石""彩绘"四绝 ‖ 035

■■■ 第二章　慈禧历史密码 | 057

　　慈禧身世 ‖ 058

　　垂帘听政：巧除八大臣 ‖ 065

慈禧与"亲爸爸""老佛爷""老祖宗" ‖ 076

慈禧：都该死，杀无赦 ‖ 084

丧事：最后一次风光 ‖ 106

■■■ 第三章 慈禧陵被盗始末 | 121

慈禧陵被盗：师长与逃兵 ‖ 122

不了了之的审判 ‖ 130

清皇室重殓慈禧遗体 ‖ 136

■■■ 第四章 考古：钻进慈禧地宫 | 143

公安局：高手在民间 ‖ 144

民间藏宝图 ‖ 167

插曲："慈禧开棺"事件的真相 ‖ 172

揭秘慈禧尸体 ‖ 177

■■■ 第五章 慈禧陵藏宝探秘 | 185

十八颗珍珠手串与佛楼之谜 ‖ 186

发现盗宝新去处 ‖ 197

人奶与美容秘籍 ‖ 201

目 录

■■■ **第六章 历史的天空** | 209

　　找回来的录像带 ‖ 210
　　为这段历史正名 ‖ 219

■■■ **后　记** | 223

序章　一块废弃的丹陛石

慈禧陵前有一块雕刻石块,被称为丹陛石。它的存在诉说着一个关于慈禧陵重建的故事,这块丹陛石的发现,对于研究慈禧陵的历史有着不可估量的价值。

1965年夏季的一天，几个在慈禧陵东砂山外废弃砖石堆处干活的工人正有气无力地拣砖头装车，准备拉往别的陵寝。那年的夏天显得格外热，远处的知了使大劲地叫着："知了，知了……"

一个叼着手工卷烟的工人从地上站了起来，伸了一下腰，张嘴刚要说话，嘴里的烟掉了下来，掉到砖石堆的缝隙里了。

那个人见烟掉到砖缝里，急忙去捡，但还是晚了一步。同事见了，笑了起来："抽整根烟的命都没有，得了，德发。"原来这位抽烟的工人叫王德发。

王德发的脸上有些不带劲了，"我非得把它找出来，抽了……"王德发蹲下身去，在砖石堆中使劲地翻腾起来。

这个乱砖石堆是原先慈禧陵重修时临时堆放废料的地方，占地很大。慈禧陵重修刚完成不久，光绪帝和慈禧就先后死了。清廷不仅要忙着办理慈禧和光绪帝的丧事，还要办理慈禧的奉安山陵大典，紧接着又要操持建光绪帝的陵寝。光绪帝陵寝还没建成，清王朝就灭亡了，以致重修慈禧陵时的大量建筑废料长期堆放在陵寝附近，未来得

序　章　一块废弃的丹陛石

及清走。当地的一些村民便把堆放在废料中的一些尚能用的砖头、石块捡回家里盖房和砌墙，废料堆逐渐成了破烂不堪的垃圾堆了。

1952年，清东陵文物保管所成立后，保管所的人便开始用陵寝周围所剩的废弃旧料修补填砌各陵的地宫盗口，后来又组织一些民工清理陵寝周围的废料垃圾，以便日后对游人开放陵寝。

在这种背景下，王德发等几个民工来到清东陵当小工，每天可以拿上八角钱。这八角钱在现在不算什么，但在1965年可是一个不小的数目。一个农民壮劳力在当时辛苦地干上一天能挣的工分最多不过四五角钱，一个国家正式职工每月也就是30多元钱。能在东陵当个小工，在当时来说是最好的工作了，挣来的钱除了交给生产队买一些工分之外还有剩头，就可以购买其他的生活物资。当然，这并不是说任何人都能来东陵干活的，那个叫王德发的民工就是托"后门"来的。王德发被嘲笑了，他感到被嘲笑的还有他的"后门"，于是他发起狠来，两只手将砖头扔得飞了起来。其他民工则在一旁闲聊。王德发见此，气不打一处来。忽然他脑瓜一转，冒出一个办法来，"我也嘲弄一下他们"。

"我找到宝贝了……你们看，这是什么？"王德发大叫起来。

其他几个民工全围拢过来观看，"啥呀，啥呀……"

"在哪呢？我看看……"好奇心使得民工们都惊奇起来。

大家都知道，清东陵大多数陵寝地宫虽然都被盗过，但陵上的一些东西有的还没有被卖的都被藏了起来。这些年不时发现在地里或墙体内藏有好东西，这回他们在这堆不起眼的垃圾废料中也许会有所发现，甚至有人联想到如果真的发现了好东西是上报还是私分呢。大家顺着王德发的手指方向看去，发现面前已被捡出一个一尺见方的坑来，坑里面有许多老泥土，一块砖头下面则是一块石质雕刻。

"这是什么？"

"扒出来看看！"几个民工与王德发一起扒起砖头。

"是地窖子盖，还是啥……"

很快，大伙扒出一个3米多见方的空地来，呈现在大伙面前的则是一块长方形的巨大石块，大家用木棍和水清理掉了石块上的泥土。

"这不是慈禧大殿前的丹陛石吗？"有人说道。

"图案像是，不是还有一块吗？"

"是不是这玩意下面有东西呀？"有人提出不同的想法。

大伙正在议论纷纷，一个20多岁的年轻人走了过来，"你们说啥呢，不干活？"

"杜同志，我们正想向你们汇报呢，你看这是怎么回事？"来人正是保管所职工杜清林。

"我看看。"杜清林往前凑了凑："这是一块石雕刻，不过看起来很像慈禧大殿前的丹陛石……只是雕刻手法不同……"杜清林嘟囔着。

杜清林的父亲是老石匠。清东陵保管所成立后，为了陆续对一些陵寝中毁坏的石雕进行修复，特地将有丰富经验的石匠老师傅请来，可惜他由于受工伤不幸过世，出于照顾关系，特意招儿子杜清林来清东陵上班。杜清林虽为摄影师，负责陵寝照相和洗相片，但他受父亲的影响，也深知雕刻上的一些特殊手法，如浮雕、浅雕、透雕等。透雕手法难度是最大的，浮雕次之。杜清林望着眼前的这块丹陛石，对所雕刻的图案非常熟悉：凤在上，龙在下，是一幅高浮雕的凤戏龙

序 章　一块废弃的丹陛石

"龙凤呈祥"图案。样式与慈禧陵隆恩殿前的丹陛石特别相似,只是现如今慈禧陵隆恩殿的丹陛石是高浮雕加透雕的手法雕刻成的。

"难道这就是慈禧陵重修时传说被换掉的丹陛石……"杜清林心里想着,嘴上却说:"大伙该干活干活,先别理它,我向领导汇报一下再作处理。"

清陵专家徐广源(右一)与谢久增(右二)在慈禧陵前

杜清林没有找到所长,便找来保管所的会计谢久增,将这件事一五一十地说了。谢久增一听,立刻惊喜起来:"好东西,好东西,走,带我瞅瞅去。"

谢久增与杜清林来到慈禧陵东砂山外侧,见民工们已经开始干活了。在被民工发现的这块石雕刻面前,谢久增指着雕刻说:"这应该就是慈禧陵重新修建时被废弃的丹陛石。这块丹陛石的发现,对研究

在慈禧陵前被废弃的慈禧陵丹陛石

慈禧陵是有好处的,更换丹陛石这段历史能更好地说明慈禧败家亡国、贪图个人享受的罪恶嘴脸,这是很好的阶级教育的物证。这块丹陛石应该好好地保护起来,用它来教育广大人民:慈禧为了个人的享受是如何榨取人民血汗的。我和所长商量一下。"很快,所长同意将此丹陛石作为慈禧罪证进行展览。

根据指令,民工使用最原

慈禧陵被废弃的丹陛石上的蜥蜴雕刻

序 章 一块废弃的丹陛石

始的方法，将发现的丹陛石撬起，地上铺上圆木，运到慈禧陵神道碑亭南面台阶下的空地上，供游人和当地人观看。

"别的陵（丹陛石）都是龙在左，凤在右，龙凤并排。慈禧的（丹陛石）倒好，凤在上，龙在下，这不明显是凤压龙吗？这意思是说，慈禧活着的时候管着两个皇帝，死了呢也要管着皇帝。这块丹陛石，不但能说明慈禧的专权专势，也能说明慈禧这个人年轻守不住寡，有私情呢？你看，丹陛石上还有一只小老鼠呢。"原来在这块被废弃的丹陛石上面雕有一只蜥蜴，人们为此议论纷纷。

在这块被废弃的丹陛石的海水江崖图案里的小动物，根本不是小老鼠，而是一个口吐祥云的蜥蜴，也有说这是壁虎的，是一个古时人们常说的吉祥物，在皇宫中则称为"守宫"。

民间传说，守宫是验证女子贞洁的方法。古代，在女子的臂膀上点一颗鲜艳的红痣，以验证女人的贞操，叫"守宫砂"。古人认为守宫就是守住女人那神圣的一方妙处。实际上"守宫"是蜥蜴的一种，躯体略扁，脊部颜色灰暗，有粟粒状的突起，腹面白黄色，口大，舌肥厚，四足各有五趾，趾内多皱褶，善吸附他物，能游行在垂直的墙壁上，更像是"壁虎"。古代相传，用瓦罐一类的东西把壁虎养起来，天天喂它丹砂，大概吃到七斤丹砂的时候，就把它弄死捣烂，用来点在女人的面额上，殷红一点，只要没有发生性关系就永不褪色，一有性生活立即消失得无影无踪。但只能用在未结婚的女子身上，已婚妇女绝对不灵验，这种办法是在宋代随理学的兴起而得到推广的。其实，守宫只是古时流传的一种毫无科学依据的传说而已。

1977年，随着中国大地上"文化大革命"的结束，中国开始迎来

慈禧皇陵：大清陵墓解密

了新的春天。清东陵也翻开了历史新篇章，原先的保管所领导退休，新的领导开始上任。所长为原马兰峪镇公社书记宁玉福，他的到来，自然带来了一批新的人才，为清东陵事业的发展，注入了新鲜的血液和力量，其中就包括自学成才的农民出身的清陵学者徐广源。

1979年，所长宁玉福将徐广源找到办公室，对他说："我想把停车场的丹陛石移开，你看放哪儿合适？"

定东陵前的广场

序　章　一块废弃的丹陛石

"宁所长，我也早想与您说这件事呢，停车场那块丹陛石放在那儿就不是个事。那块丹陛石虽然被废弃，毕竟也是历史上留下来的，那也是文物，对于研究慈禧很有价值。将它放在停车场很危险，又不便于保护，应该换个地方。"

"我也是这么想的。我找你就是为了这件事。你看放在什么地方合适？"宁所长说。

徐广源胸有成竹地说："所长，您看将丹陛石放在慈禧陵神路桥北面怎么样？"

"我看行，就这么办吧！"宁所长说。

把那块废弃的丹陛石放在慈禧陵神路桥北、大泊岸下边，既是游人的必经之处，又便于工作人员保护，可以说是最佳地点。由于丹陛石沉重，于是决定采用汽车运走的方式。当时，人们用捯链将丹陛石吊起放到车上，丹陛石上原有的一条裂缝，由于起吊加颠簸，丹陛石在运输中断成了两截，这不能不说是一个遗憾。其实，这块丹陛石与慈安陵隆恩殿前的丹陛石无论是图案还是雕刻手法都是相同的。

也正是慈禧陵前摆放着这么一块丹陛石，来到慈禧陵参观的人，很容易就识别出，定东陵的两座陵寝中，哪座是慈禧陵，哪座是慈安陵。原来，咸丰帝的定东陵是两座陵寝，两座陵寝并排建立，规制又基本相同，东面的定东陵为慈禧陵，正式名称叫菩陀峪定东陵，西面的定东陵为慈安陵，正式名称叫普祥峪定东陵。因此有人感到奇怪，慈禧生前被称为"西太后"，为何死后葬在了两座皇后陵的东面？慈安生前被称为"东太后"，为何死后却葬在了西面呢？

要想说明这个问题，让我们从慈禧陵开始说起吧。

第一章 神秘的慈禧陵

咸丰帝的定东陵是两座皇后陵,因为生前都做过皇太后,故也称为"太后陵"。两人活着的时候,同是皇太后,平起平坐,死后的陵寝也是规制相同并立相建,相同的建筑,同样的秀美,只是西太后陵建在东面,东太后陵建在西面。两座陵寝的选址和规制的确定,还曾有过一番波折。

奇怪的西太后陵

慈禧和慈安为什么被称为"西太后"和"东太后"呢？

原来，这是根据她们生前居住在紫禁城宫殿的方位所决定的。

慈禧，叶赫那拉氏，初为满洲镶蓝旗，后抬入满洲镶黄旗，道光十五年（1835）十月初十日生，生前居住在紫禁城西六宫的储秀宫、长春宫，因此被称为"西太后"。又被尊为"圣母皇太后"，徽号[①]慈禧。

慈安，钮祜禄氏，满洲镶黄旗，道光十七年（1837）七月十二日生，生前居住在紫禁城东路钟粹宫，因此被称为"东太后"。又被尊

[①] 徽号，一般指尊号，即国家遇有大庆的时候，在"皇太后"之前加上赞美的词，一般每次只加两个字。死后选用生前徽号中的几个字，再加上若干字则成为谥号。后代的皇帝也可以再加若干字。徽号没有字数限制。

第一章　神秘的慈禧陵

为"母后皇太后",徽号慈安。

慈安、慈禧的陵寝因位于咸丰帝定陵的东面,根据皇后陵命名方法统称为"定东陵"。两座定东陵规制相同,东西并排,慈安的普祥峪定东陵在西,慈禧的菩陀峪定东陵在东。中国是礼仪之邦,历来十分讲究排列次序,谁在前谁在后,谁在左谁在右,都是大有学问的,又习惯认为,左尊于右。因此有人猜测两人死后所葬陵寝位置与生前称呼相反。

定东陵鸟瞰
(慈安陵和慈禧陵)

对于这个问题,民间有以下两个故事。

故事一:慈禧到东陵看风水时,一眼就相中了东边的那块风水宝地,但慑于祖宗家法,一直不敢开口和慈安相争。有一次,两位皇太后下棋,慈禧忽然心生一计,装出开玩笑的样子对慈安说:"姐姐,咱姊妹俩这么下棋多没意思,不如以下棋打个赌开心,三盘两胜定输赢,谁赢了就可提出一个要求,输者不能拒绝,你看如何?"

憨厚老实的慈安不知是计,漫不经心地回答道:"可以,我若输了,你提什么我都答应。"

《慈禧皇太后弈棋图》

第一章　神秘的慈禧陵

"那好，可别反悔。"慈禧补充了一句。

慈安依然说："决不反悔！"

二人达成协议，开始在棋盘上杀将起来。平时慈禧棋术逊于慈安，所以往往会输给慈安。这次，慈禧深知事关重大，因而全神贯注使出了浑身解数，而慈安毫无准备，慈禧竟以二比一险胜慈安。慈安一边收拾着棋子，一边问慈禧想要什么。慈禧故意沉默了一会儿，很为难地说："我不好意思说。"

慈安不以为然地说道："你就尽管说吧，姐姐保证不食言！"

慈禧听了，不再沉默，换出一副哀怜的样子说："姐姐，好姐姐，求你将东边的那块'万年吉壤'让给妹妹吧！"

一听这话，慈安顿时傻了，知道中了慈禧的诡计：想不到她会提出如此重大的事来。慈安沉思了片刻，说道："我既有言在先，也不好驳你的面子。只是这是祖制，我也做不得主。"慈安想抬出祖制堵住慈禧的嘴，这是一个既不食言又站得住脚的绝好理由。

但慈禧更绝："这祖制虽是如此，但总有些因人而变的地方，若纯依祖制，咱姐妹俩何以能垂帘听政？你我的陵寝自是咱姐妹俩的事，与祖制何干？与别人何干？好姐姐，你就让了我吧！"老实嘴笨的慈安听了，不再言语，犹豫了好长时间，终于作出让步："那就依了妹妹！"

故事二：慈禧历来就争强好胜，总想处处压人一头。她早就看上了东面的慈安的那块风水宝地。慈安活着的时候，她不敢声张，而等慈安死后，她便不再顾忌祖宗家法和朝廷制度，不顾"东为大，西为小"的规矩，愣是把东太后葬在了西边的陵，而把东边的陵留给了自己。

实际上上面这两种传说都是子虚乌有。将东太后慈安葬在西边，西太后葬在东边，是有其道理的。其原因有三个。

其一，咸丰帝的定陵是主位，皇后陵定东陵则是附属陵寝，属于从属地位，那么作为定东陵墓主人的慈禧、慈安来说，她们谁离定陵地理位置近，谁的身份就更尊贵，这是宗法制度所决定的。慈安葬于西边的陵，从地理位置上就更靠近咸丰帝的定陵，而慈禧葬入东边的陵，就其地理位置来说，离定陵的距离自然相对远些，这表明西边的慈安陵比东边的慈禧陵位置尊贵。

其二，清朝皇陵中的神路，均按照"以次接主"规制而成。因此，咸丰帝定陵神路接在顺治帝孝陵神路上，慈安陵神路接在咸丰帝定陵

慈禧陵神路接在慈安陵神路上

第一章 神秘的慈禧陵

慈安陵神路与定陵神路相接

神路上,慈禧陵神路则是接在慈安陵神路上。这表明慈安陵的地位高于慈禧陵。

其三,从称呼上也可以看出谁更尊贵。慈安是正牌皇后,是由皇后升为皇太后的,因此被称为"母后皇太后"。慈禧以子为贵,是由贵妃升为皇太后的,被称为"圣母皇太后"。因此从年龄上,尽管慈禧大慈安两岁,但慈禧要管慈安叫姐姐,这是因为身份地位高低所决定的。

因此,两座陵寝在地理位置上的差异与墓主人生前居住位置没有直接关系,然而两座陵寝位置上的差异,说明两人生前地位上的差异和尊卑。故此,民间的传说故事是不足为信的。

慈禧陵建陵之谜

在清朝为皇后建陵，是天经地义的事情，并不是慈禧的发明。自从为孝惠章皇后建孝东陵以来，已经陆续建了泰东陵、昌西陵、慕东陵等皇后陵，但由于历史原因，皇后陵的规制并不统一，甚至有点杂乱的局面。所以，在同治朝如何建皇后陵以及皇后陵的规制问题，都不得不摆在桌面上。为了解决这个问题，尤其是解决为两位皇后建陵这个从来未有的问题，以慈禧为首的两位皇太后，与朝臣进行了一场斗智斗勇的辩论和斗争。

当时清朝国力衰弱，国库空虚，朝臣们自然知道国家需要钱的地方很多，出于务实态度，最初大臣们经过小心谨慎的商量，想为两位皇太后建一座陵，即百年之后，两位皇太后的棺椁葬在一座地宫里。于是大臣们将这一方案上奏两宫皇太后。

第一章　神秘的慈禧陵

奕䜣

慈安虽然是正牌皇太后，德高望重，可为人忠厚老实，不善于处理国家大事。因此，每次议论、决策国家大事时，慈安虽坐在那里，却很少发言，决定大事的是慈禧一人。对选择万年吉地之事，慈安也是这样。慈禧看了奏折后，非常生气，立刻将议事大臣们传到养心殿。她阴沉着脸，强压怒火问道："折子里的建陵方案是怎么回事？"

大臣们跪在地上，知道事情有些不妙，恭亲王奕䜣回答道："是臣等共同商议而定。"

"我们大清国的皇后陵也不是建一座了，哪个陵内的地宫里葬过两个皇太后？"慈禧开始耍起混来。

奕䜣依然沉着地回答道："臣等考虑，两位皇太后一起建陵，这在我们大清国来说确实是头一回。臣等所议同陵同穴有其道理。两位太后万年之后同葬一陵地宫，梓宫并排，既无高低之分，也无贵贱之别。这还表明您姐俩生前死后都亲密无间，志同道合，永在一起。"

不等恭亲王说完，慈禧说道："就连妃园寝的皇贵妃、贵妃，甚至常在、答应都各自为券，难道我们姐俩还不如她们吗？这不是明摆着要欺负我们姐俩吗？"慈禧的话中已流露出极大的不满和指责。

恭亲王见此情景，知道再说下去会遭到强烈的斥责，知趣地将话收回："容臣等回去再议。"

"好吧，你们就都跪安吧！"慈禧见好就收地说道。

恭亲王奕䜣等大臣退出养心殿，回到内务府，一时谁也没有说话。

停顿了好一阵子，总管内务府大臣明善说道："听太后的话音儿，说妃园寝内的妃嫔都各自为券，似乎只要不同穴就可以了。要不，咱们商量个同陵不同穴的方案？"

第一章　神秘的慈禧陵

菩陀峪定东陵领衔承修大臣醇亲王奕譞

恭亲王奕䜣等大臣一听此话，正中下怀，只是没能说得出口，于是众人就同陵异穴这个话题上议论开了。有的说，在地宫金券内中间砌一道墙，为一券两室，开两个门，类似民间东西屋；有的说，一券两室，不如建两个金券；有的说，后陵地宫非帝陵相比，只两道石门。建两个金券倒不如干脆建两个地宫。也有的说，一座宝顶下建两个地宫，宝城内恐怕容不下，不如方城明楼后面建两个宝顶、宝城。

这时，一直坐在旁边不说话的醇亲王奕譞说话了："各位大人，我是这样想的，咱们不妨按照景陵双妃园寝的样式，陵的后院分建两座方城、明楼，后面各自独立建宝城、宝顶，东西排列。这样既维护了我朝只建一座皇后陵的祖制，也满足了两宫皇太后各自为券的意愿。另外，有双妃园寝为前例，也不算改变陵寝规制。不知各位大人意下如何？"

众人对醇亲王的方案一致赞成，齐说高见。当天晚上就写好奏折，第二天一早就递了上去。

众大臣满怀信心地想："这回太后看了奏折，总该心满意足了吧？"当天下午，慈禧又一次将大臣们召进宫里，面色阴沉，与慈安并排坐在炕上，中间还放了一张小炕桌。

"这个建陵方案比上次强些。"慈禧停顿了一下，喝了一口茶，继续说道："难道我们姐俩的陵只能按照两位皇太妃园寝的样子建吗？"

恭亲王奕䜣一听，知道慈禧已经明白了他们的方案意图，急忙解释道："臣等的意思是，外观是这个样子，但用料则是黄琉璃瓦，明楼、大殿……"

"住嘴！这些我懂！难道我们姐俩就不配一人建一个陵寝吗？"慈

第一章　神秘的慈禧陵

慈禧

禧声色俱厉，终于一语道出了她的心里话。

"这个？"一向精明干练、善于辞令的恭亲王奕䜣，此时竟也不知怎么回答才好了。

其实，恭亲王奕䜣早就猜出慈禧的意图是要单独建陵。但是，作为议政王、领班军机大臣，国家大事都需要他去考虑。而目前国家还不大安定，满目疮痍，百废待兴，用钱的地方太多了：咸丰帝后的陵寝修建、丧礼、镇压太平天国、捻军起义……银子花得比流水都快，国库早已空虚了，他上哪里去找银子？别说建两座皇后陵，就是建一座皇后陵的银子恐怕都不够呢。

现在，面对慈禧直截了当地提出建两个皇后陵，他怎么说才好？恭亲王奕䜣想了想，硬着头皮说道："皇太后说的是。修建两座皇后陵是再好不过了，臣等也想过这个方案，但未敢上奏。臣等深知两位皇太后素以大清江山社稷为重，励精图治，体察民情，爱民如子，德泽苍生，重节俭而黜奢华，废虚荣而务实际。至此国库空虚，百废待举之际，如果提出修建两陵，怕受到皇太后的指责，以烦圣虑……"恭亲王奕䜣的话中还带有要否定建两陵的含义。

已垂帘听政五年之久的慈禧，对于国家的现状非常清楚，但她的处世原则是：一切为我所用。她想做的事情，别人是无法阻止的，更何况是关乎自己陵寝的大事。

"你说的也有些道理。我们姐俩确实也是这么想的。现在皇帝岁数小，我们姐俩为了大清的江山操劳了这么多年，没过过一天省心的日子，心都操碎了，孤儿寡母的，真的不容易！如今国家安定下来了，我们姐俩不求别的，只想死后有一个遂心的万年吉地。"说到这里，

第一章 神秘的慈禧陵

慈禧停顿了一下，提高嗓门说道："节省是应该的，但总不该只从我们姐俩身上节省吧？为我姐俩单独建陵，难道我们姐俩不配吗？我们姐俩宵衣旰食，心力交瘁，完全是为了大清爱新觉罗……"慈禧说着说着，还真生气了，面颊上的肌肉接连颤动了几下，"恭亲王！先帝和我们姐俩最信任你，你就瞧着办吧！跪安吧！"

恭亲王奕䜣和众大臣退出养心殿，回到内务府。这回谁也不先说话了，各自想着自己的心事。自从慈禧垂帘听政以来，大臣们深知慈禧的脾气和手段，顺者昌逆者亡，这个道理是最简单不过了。现在太后动怒了，不建两座太后陵显然是行不通了。可是，巧妇难为无米之炊呀！

"各位大人，"恭亲王奕䜣站起来，在屋里走了两个来回，说道："皇太后一向深谋远虑，洞鉴万里，现在国库里没银子想必早已知道，既然让咱们建两座，咱们就按皇太后的懿旨去办吧！缺银子让皇太后想办法，咱们干现成的，既省心还不抗旨。"

大臣们一听，都说到自己的心里去了，立刻决定按照两座皇后陵寝样子绘制图纸……

当恭亲王奕䜣等人将奏折和两座陵寝图纸递上后，慈禧非常满意，于是再次召见众大臣。

"这次你们制定的方案，我们姐俩还算比较满意，但还有一些不足之处，不过以后再说还不晚。至于建陵的经费……现在国泰民安，老百姓的日子一天比一天好，人人感到皇恩浩荡，想报效朝廷的、效忠皇上的人不少，所以赋税啥的……"慈禧说到这里，伸出手来，掌心向上，抬了一抬。又继续说道，"总之，皇宫不产银子，你们也拿不出银子,这就要'羊毛出在羊身上'。"

恭亲王等人早就料到这一点了,但没有想到慈禧会这么直白地说出来,心里对这个女人不免又增添了一分畏惧,"皇太后圣虑周详,明鉴万里,臣等不及万一。"

"为了我们姐俩的事,同时也为朝廷费了不少的心,也难为你们了,特赏……"

众大臣一齐跪倒谢恩,高呼:"谢皇太后隆恩!愿皇太后万岁!万岁!万万岁!"

这几个回合下来,以慈禧为首的皇太后大获全胜,朝臣们还是以

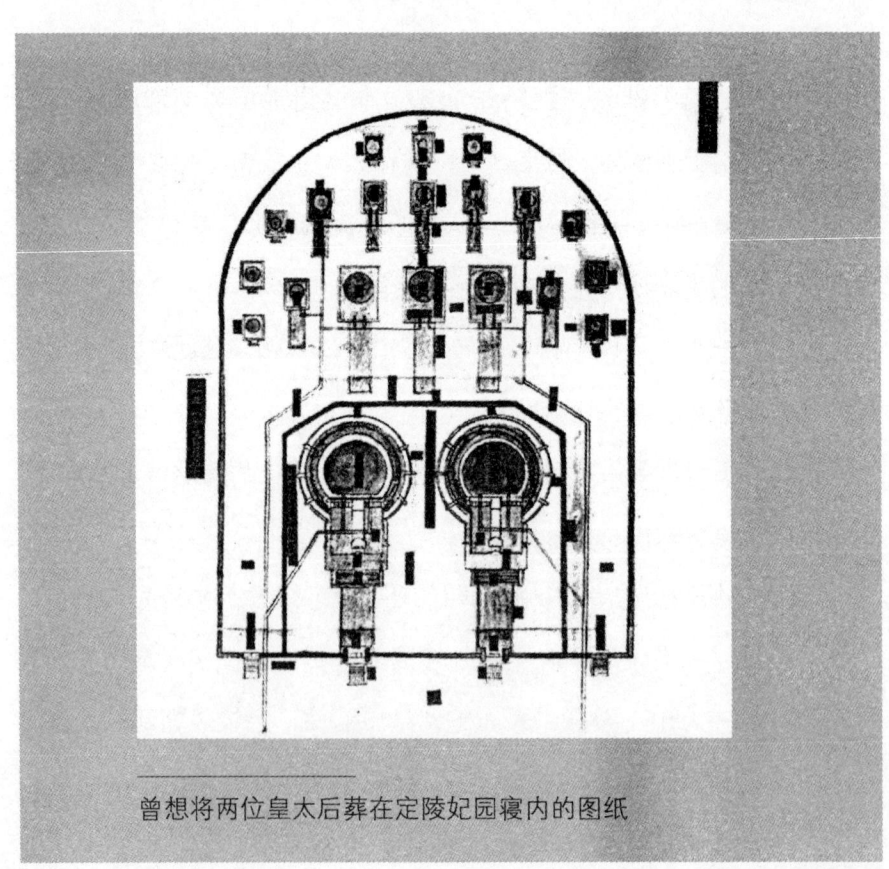

曾想将两位皇太后葬在定陵妃园寝内的图纸

第一章 神秘的慈禧陵

失败告终。但也因此给后人留下了曾想按照景陵皇贵妃园寝格局或改建定陵妃园寝等多种设计方案和图纸。

建皇后陵规制方案确定下来后,朝臣们就开始在咸丰帝定陵附近选陵址,因为皇后陵必须建在皇帝陵附近,而在定陵与裕陵妃园寝之间,可选择的陵址并不多,只有普陀山、平顶山、羊肠峪、顺水峪四个地方。当初选定陵陵址的时候,是以皇帝陵为主,因此只选定了定陵陵址,然后又确定了定陵妃园寝地址,未考虑日后建皇后陵的问题。所以堪舆大臣们只能在这四个地方中做选择,并收集每一处的相关地理资料和信息。又因为定陵之西是西大河,皇后陵不宜建在定陵以西,一来是避免牛郎与织女隔河相望之嫌,二来皇后陵的神路若与皇帝陵相接,则要建规模巨大的神路桥,故此定陵以西的成子峪被否定,而风水地势符合与定陵山势为一脉的地点就只有羊肠峪、顺水峪、平顶山、普陀山四处了。又经过勘察,顺水峪建有定陵妃园寝,羊肠峪山势虽符合,但风水"无情",于是只能定平顶山和普陀山这两处建皇后陵。需要说明一点的是,当初备选顺水峪,其原因是考虑将顺水峪定陵妃园寝改建皇后陵,因被慈禧否定,故此定陵妃园寝也算是逃过一劫,避免了被拆的命运。

既然选定在平顶山和普陀山建陵,风水官们就将这两处风水进行了一番吹嘘和赞美,令人顿生想念,风水宝地,非此不可。两宫皇太后高兴之余,并没有忘记亲自看看,一看果然如此,真是心随所愿,心满意足。

同治十二年(1873)三月十五日,同治帝遵懿旨,朱笔将平顶山改名普祥峪,普陀山改名菩陀峪。随后公布了两座皇后陵的承修大

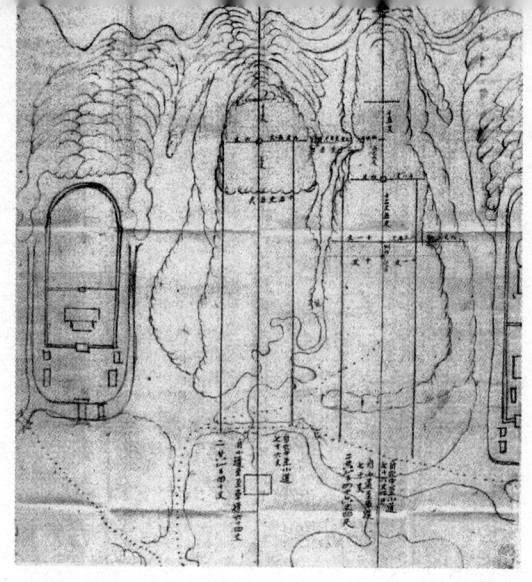

普陀山平顶山志桩山向草图
（中国国家图书馆藏）

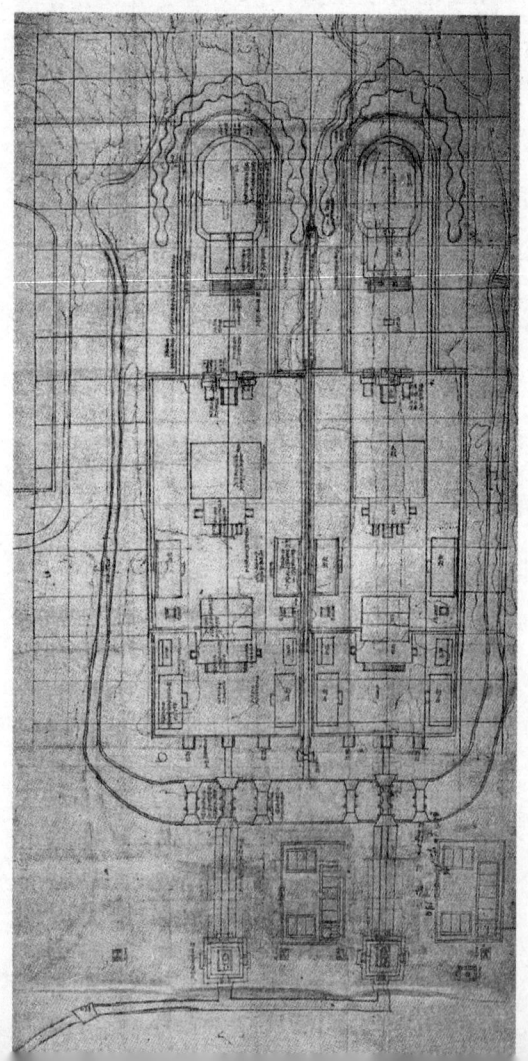

臣，每陵各四位大臣。

承修大臣们再次覆勘两陵陵址时发现两个问题。一是两陵穴位不平列，有前后之分，慈安陵落北，慈禧陵靠南，不仅有卑尊之嫌，而且外观也不美观。二是两陵地势低洼，沼泽遍地，不利于建陵。经过研究，问题得以顺利解决，一是将慈安穴位下移和西移；将慈禧陵穴位上移和东移。这样两陵穴位就平列了。二是在东陵风水墙外挖客土填垫两陵的地势。客土就是陵园外的土质良好的土壤。

在绘制陵寝规制图的时候又发现，由于这两座皇后陵紧紧相连，若按照

普祥峪、菩陀峪万年吉地地势全盘图（中国国家图书馆藏）

慈安陵西砂山口

常规设计，慈安陵的神厨库就要建在慈禧陵的右侧，外观很不协调，也不美观。于是经过奏请，将慈安陵神厨库与慈禧陵神厨库并排建在一起，慈禧陵神厨库在北，慈安陵神厨库在南。慈安陵神厨库地势较低于慈禧陵神厨库，因此将慈安陵神厨库地势用客土铺垫，使其地势增高，与慈禧陵神厨库地势相平。又将两座皇后陵都各建神道碑亭一座，在两陵神道碑亭的南面共用一道大泊岸，各建大踏跺一处。两陵之间的马槽沟上，建平桥一座。这条马槽沟北半部是菩陀峪工程处负责施工，南半部由普祥峪工程处负责施工。这条马槽沟上的一孔平桥，其建桥费用由两个工程处各负责一半。慈禧陵东南向马槽沟上多建三孔平桥一座，这是为了祭祀和维修人员行走方便的。

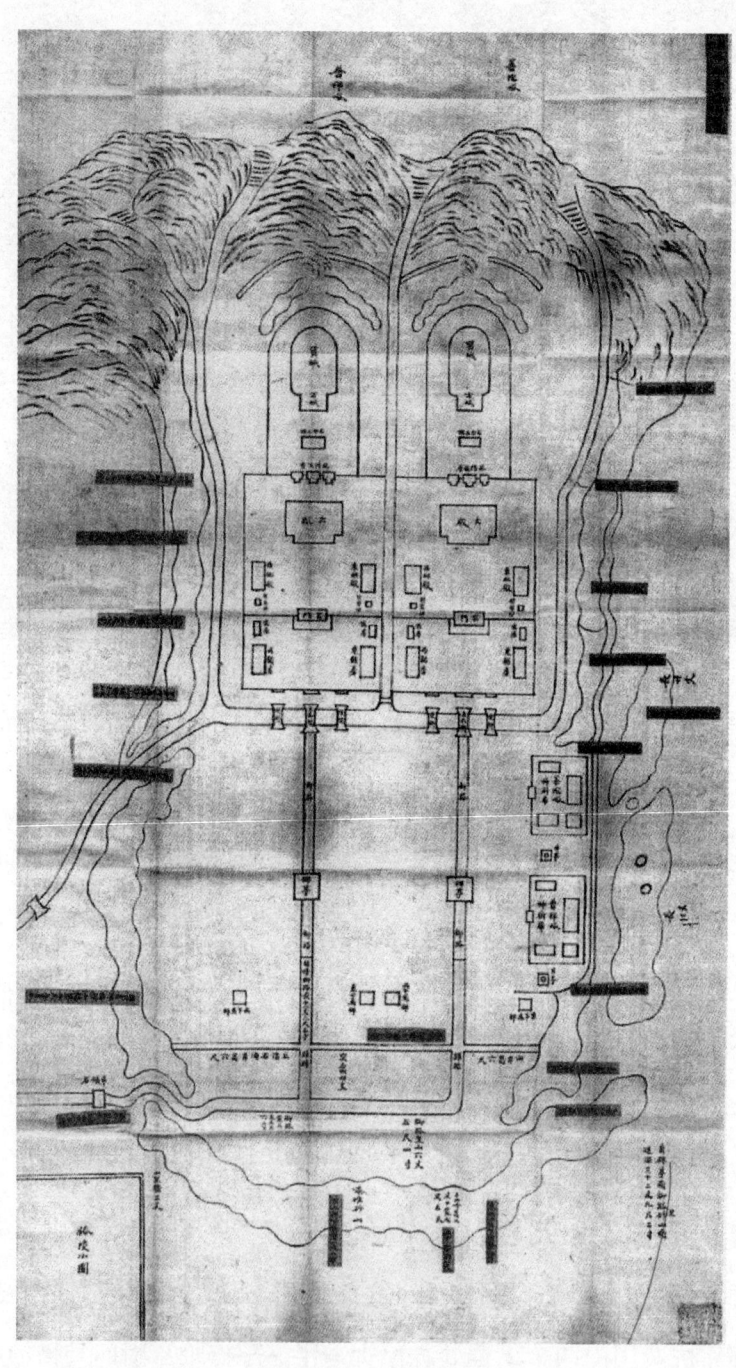

普祥峪、菩陀峪添修砂山图（中国国家图书馆藏）

在建两座皇后陵时又发现，陵寝南面为裕小圈，由于风水关系，必须要遮挡视线，于是在两陵的南面、裕小圈北，增堆砂山一道。并在东、西两侧的砂山各开一个S形路口，称"掩映口"。

定东陵南侧的砂山

慈禧陵神路接在慈安陵神路上，慈禧陵神路拐弯处为直角，慈安陵神路拐弯处为圆弧。

同治十二年（1873）七月二十九日，两座皇后陵同时破土。八月二十日，同时兴工。历经六年，光绪五年（1879）六月二十二日，两陵同时竣工。

两陵的建陵规制为：神道碑亭、神厨库及井亭、马槽沟及一孔拱桥和两座三孔平桥、三路踏跺、东西朝房、东西值班房、隆恩门、焚帛炉、东西配殿、隆恩殿、陵寝门、石五供、方城明楼、宝城及宝

慈禧皇陵：大清陵墓解密

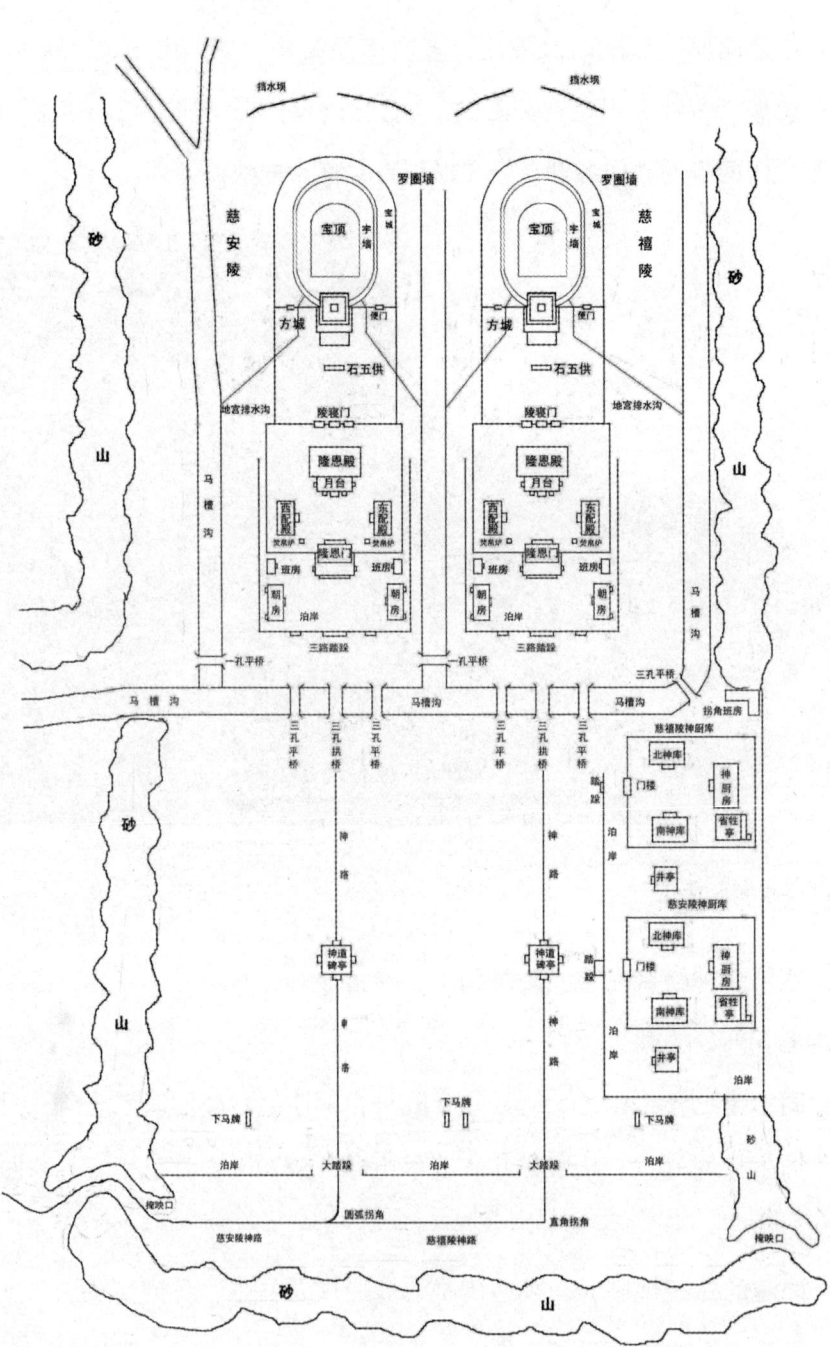

定东陵平面示意图

顶，宝顶下是地宫。

据档案记载，定东陵的东、西、北三面，还建有一些八旗兵值班休息时用的班房，用以加强陵寝的保护。

由于两座皇后陵都称为定东陵，于是根据其所在地名各自命名，慈禧陵为菩陀峪定东陵，慈安陵为普祥峪定东陵，以示区别。

定东陵建成后，为之服务的内务府营房也同时建成，因为有一

慈安陵西砂山外值班房

圈砖墙围着，所以当时称为"圈"（音"劝"），帝、后陵营房称"大圈"，妃子园寝营房称"小圈"。慈安陵营房称"旧太圈"，慈禧陵营房称"新太圈"。

民国期间，圈被改称为"村"。旧太村紧挨着裕大村，由于时代的发展、人数的增多，目前被并入裕大村。新太圈现在称为"新太村"。

慈禧陵:"金""木""石""彩绘"四绝

定东陵的两座皇后陵,规制相同,同样是黄瓦红墙,并列伫立于松柏林间,甚是好看。然而两陵建陵的花费不一样多,并且是慈安陵花费比慈禧陵多了白银近 37 万两。这就很令人感到奇怪了,既然规制相同,为什么建慈禧陵的花费比慈安陵的花费少了那么多呢?

据笔者调查,这主要是慈安陵在一些附属工程上的开支多了的原因,具体表现在以下四个方面。

一是慈安陵的神路要长于慈禧陵 200 多米。

二是慈安陵的马槽沟比慈禧陵多建了 200 米。

三是慈安陵比慈禧陵多堆了近百米的砂山,慈禧陵东面是两座神厨库,砂山很短,仅有慈安陵神厨库南面一小段砂山。慈安陵西面的砂山却是一整段砂山。

慈安陵向西通往定陵的神路

慈安陵西马槽沟的分岔也是比慈禧陵多修的

第一章 神秘的慈禧陵

慈安陵神厨库地势很高

四是慈安陵神厨库地势较低，为了与慈禧陵神厨库保持水平，神厨库地势全部是填垫起来的，最低处要垫2米多高。

基于以上四点原因，慈安陵的建陵费用多于慈禧陵，有人却以此为由，称这个是慈禧日后重修自己陵寝的原因，纯粹是八卦，欺骗世人，不可信。慈禧陵日后的重修，与建陵花费多少没有半点关系。

还有人说，慈禧陵重修，就是因为慈禧争强好胜，但与慈安明争暗斗时总是败北，为了在气势上压倒慈安，故意找借口重修慈禧陵，

慈安陵东配殿

第一章　神秘的慈禧陵

借此在陵寝装修上高慈安一头。事情的起源是这样的。

光绪六年（1880）春，光绪帝奉两宫太后展谒东陵。当慈安和慈禧在定陵隆恩殿内举行大飨礼时，慈安示意慈禧站在西边稍后一步行礼，意思是你没有资格与我平等行礼。慈禧心中非常不快，执意要跟慈安并列拜祭。而慈安则以正牌皇后的名分，用教训的口吻对慈禧说："你怎么越来越没规矩，违背祖制，成何体统？退到后面去。"在众大臣和侍卫的面前，慈禧大丢了面子和尊严。于是慈禧暗暗下定决心："谁让我一时不痛快，我就要她一辈子不痛快！"当然，此故事纯属杜撰。

光绪十二年（1886）三月，也就是慈安死五年后，早已是大权独揽、不可一世的慈禧带领光绪帝前往东陵谒陵。当她来到慈安陵前，正在东配殿休息时，司礼大臣将谒陵仪注呈了上来。慈禧见上面有自己在慈安陵前行跪拜之礼的程序，没等阅完，便勃然大怒，愤而将仪注扔到地上，令发回重拟，并声言："我与姐姐同为皇太后，安有在她之前跪拜的道理？"司礼大臣从地上捡起仪注，战战兢兢地找吏部尚书李鸿藻，问如何是好。李鸿藻听说慈禧大怒，也惊惧不已，不知所措。

这时礼部尚书延煦挺身走上前来，对众人说道："此事不争，国家安用礼臣为？公不敢言，臣当独自面奏。"言罢即肃衣来到东配殿门外奏道："太后今日至此，凡垂帘时并坐之礼节无所用之，惟当依文宗显皇帝在位时仪注行之耳。"

慈禧闻罢，顿然失色，沉默片刻，不甘心地反问道："我还是不明白，慈安皇太后为太后，难道我不是皇太后吗？同是皇太后，为什么偏要我给她行礼？况且穆宗毅皇帝（同治帝）是我所生，慈安皇太后何尝生过儿子？"

延煦见慈禧明显地要起混来，愤而答道："此乃我朝家法，皇太后不可不遵！"

"遵也要遵出个道理来！"慈禧的态度变得强横起来。

"慈安皇太后是母后皇太后，其位在上，圣母皇太后自然要去行礼！"

慈禧见延煦说得有理有据，顺水推舟不再争辩下去，而是反其道而问之："那么，我来问你，若我死在东边的前头，她也该给我行叩拜之礼吗？"

"照例不行大礼！"延煦脱口而出。

"为什么？！"

"已回奏过，母后皇太后在圣母皇太后先，臣等不敢违背祖制奏请！"

慈禧听罢，恼羞成怒，猛地抬手击案喊道："你等眼中还有我这位皇太后吗？"

"若太后不以文宗皇帝为皇帝，不以东宫皇后为皇后，圣母若不承认自己为文宗西后，臣等自不列此礼单。"延煦不卑不亢、字字见血的回答，噎得慈禧一句话也说不出来。她愣了好长时间，又心生一计，命延煦先起身说话。但延煦并不善罢甘休，依然跪在门外大声说道："太后不以臣不肖，使得罪礼曹。见太后失礼而不敢争，臣死无以对祖宗。不得请，誓不敢起！"慈禧面对这位铁骨臣子的凛然之气，竟也无可奈何，只得答应前去行跪拜之礼。

第一章 神秘的慈禧陵

这次跪拜礼仪之争，使慈禧的心灵和自尊心受到了极大刺激。她怎么也没想到的是，一个生前各方面都不如自己的女人，只因早于自己占据皇后的位子，其生前死后的无形影子都能压在自己的头上。她想：既然慈安生前死后的地位现在无法改变，大清的祖制也难全部废除，那我就要把自己的陵寝修得超过她，让死去的活着的都不痛快和安宁。

受到精神打击的慈禧是最疯狂的，她发起疯来，是不顾及后果的，因为没有后果，她就是天，就是没有皇冠的皇帝，她想做的一切，没有不成功的。

有人传说，慈禧陵重修，根本原因在于她的陵寝丹陛石上有只被称为"守宫"的小壁虎，也有称之为小老鼠的。慈禧见此物特别讨厌，认为是暗示她不守妇道，宫内偷情。其实这是一派胡言，因为慈安陵丹陛石上同样雕刻有此图案。

据档案记载，慈禧陵重修的原因是年久失修，建筑发生渗漏等情形。只是承办大臣为了拍马屁，过度维修，将维修变成了重建。据实地调查，慈禧陵建筑的地下铺砖为四层，比慈安陵还多一层。按照常理说，慈禧陵的建筑应该更为坚固，但事实上慈禧陵的建筑还是发生了严重的安全问题。

光绪二十一年（1895）八月十四日，东陵守护大臣溥龄、麟嘉和马兰镇总兵文瑞等人上奏：菩陀峪万年吉地宝顶、宝城、琉璃花门、大殿、配殿、宫门、朝房、碑亭、神厨库等各建筑均有渗漏、糟朽、爆裂、酥碱等情形，要求朝廷派人勘察，迅速修理。于是，光绪帝派大臣前往勘察。光绪帝派协办大学士、吏部尚书徐桐，户部尚书、宗室敬信前往东陵，对应修各工拟订维修方案，估算钱粮。他们经过勘察，拟订了如下维修方案：筑打、抹饰宝顶；拆换各伤折沟嘴和砸碎的压面石；修补琉璃花门；揭瓦、油饰大殿，修理角梁，修补龙柱；揭瓦宫门；揭瓦南神库、碑亭檐头；添安北神库剑把、背兽。配殿、朝房、值房、神厨等厢房类建筑，因方向与年份不合，不宜本年维修，到明年再行奏请查估。徐桐、敬信在勘察时还发现了溥龄等人在原奏中没有提到的应该修理的地方，决定这次一并修理。当光绪帝听

重修的慈禧陵隆恩殿

第一章 神秘的慈禧陵

报告并认定属实后,为了证明对此事重视,他在谕旨中特别强调:殿宇理应修葺,挑选好的用料,必须保证坚固,不能偷减用料。光绪帝的这道谕旨为重修工程的进一步扩大和升级提供了合法的借口。选派的勘估大臣都是慈禧的心腹,他们早已摸透了慈禧的心理和脾气:只要自己遂心合适,从来都是肯花钱的。反正花的也不是自己的钱。因此这些大臣在慈禧陵勘估工作期间,不仅重视陵寝破损程度,更可以说是为了表现自己的能力,大献殷勤。慈禧对于维修陵寝这件事特别重视,在任命承修大臣一事上,她决定派庆亲王奕劻和兵部尚书荣禄担任此职。这两个人都是慈禧的心腹和死党,任命他俩负责重修陵寝,慈禧自然很放心他们的工作。

奕劻、荣禄接到任命后,积极为尽早兴工做各种准备工作,经钦天监敬选吉期,定于光绪二十一年(1895)十一月二十四日破土,第二年的二月二十五日动工。

光绪二十二年(1896)九月下旬,慈禧陵三殿拆卸完毕,又发现部分大木构件有糟朽、裂缝现象,这是原估时未料到的。经过现场勘视,决定将235件大木件中的208件更换为新木件,仅留用27件,更换了88%。按原估做法,三殿更换的新木件均用桦楠木,更换的石料用艾叶青。维修大臣奕劻、

慈禧陵隆恩殿内部装修

重修慈禧陵方城明楼

荣禄为讨好慈禧，决定三殿所有大木构件全部改用珍贵的黄花梨木；宝城、方城的压面石、荷叶沟以及大殿周围的石栏杆一律改用艾叶青石料。

这次重修慈禧陵，不仅地面建筑无一漏掉，而且地宫内的金券、

重修后的慈禧陵西配殿

第一章 神秘的慈禧陵

门洞券、石门、闪当券、隧道券、罩门券、宝床等也进行了维修。重修工程曾因八国联军入侵北京，慈禧及光绪帝西逃到西安而中断了一年。回京后，光绪二十八年（1902）三月，慈禧借谒陵之便，亲自到菩陀峪工地阅视了重修工程。光绪三十四年（1908）十月全工告竣。重病中的慈禧听说自己的陵寝已经建完，于十月十四日派奕劻去验收工程。十八日验收毕，将重修一新的慈禧陵移交给东陵守护大臣和马兰镇总兵官看管。

重修后的慈禧陵，不仅坚固，而且更加奢华，金碧辉煌，处处告

慈禧陵隆恩殿殿内的四根盘龙柱

慈禧皇陵：大清陵墓解密

慈禧陵隆恩殿金龙和玺彩画

诉人们：这里的主人，与众不同，品格高贵，不差钱。重修后慈禧陵的特点，可以归纳为"金""木""石""金龙"四个方面。

一是"金"。这主要是指三殿的雕砖扫金和彩画贴金。

三殿内彩画，也由原先的旋子彩画改为等级最高的"和玺彩画"。斗拱、梁枋、天花等部位全部用赤、黄两种金叶子直接沥粉贴成龙、云、福、锦文，光是姿态各异的金龙就有2400多条，分为行龙、卧龙、升龙、降龙，皆安排得非常得体，布局有方，千姿百态，与其他锦文交相辉映，浑然一体，光彩夺目。更为神奇的是，这些彩画，不披麻，不挂灰，也不用其他颜色，而是直接在黄花梨木上沥粉贴金。如今隆恩殿天花板还剩有五块半板，高高悬挂在上面，向人们诉说着

第一章　神秘的慈禧陵

慈禧陵隆恩殿内天花板目前只剩下五块板，其余的都已经丢失

它们的历史。

三殿墙壁采用磨砖对缝工艺，墙面光洁平整，坚固异常。墙壁上雕刻着"五福捧寿""四角盘长""卍（万）字不到头"的图案。其中"五福捧寿"为五只展翅向中心飞翔的蝙蝠，围绕着一个圆形"寿"字，寓意福寿。"四角盘长"为取其盘长绶带连绵不断之意，寓意福寿绵长。"卍（万）字不到头"则是取富贵永远、永无止境之意。所有雕砖外围，均饰以蔓草莲花和珠文。

二是"木"。这主要是指三殿的木料。三殿木构件，包括窗棂和门扇，全部改用名贵稀有的黄花梨木，并且不饰漆，全部为木本色。黄花梨木又名"海南檀"，木质坚硬，纹理细腻，为木料中的上品。这种木料因为稀少，而且名贵，所以多用来打制家具，很少用于建筑的

慈禧陵西配殿内砖雕五福捧寿（近景）

慈禧陵西配殿内砖雕五福捧寿（特写）

第一章　神秘的慈禧陵

慈禧陵西配殿内砖雕"卍"字不到头图案

慈禧陵隆恩殿月台前之丹陛石

木构件。

三是"石"。主要是指石雕刻，具体表现在丹陛石、石栏杆和抱鼓石上。

1. 新丹陛石的"凤引龙"图案，采用浮雕加透雕的手法。整块丹陛石周边雕刻缠枝莲花，中心为丹凤展翅凌空，穿云俯首向下，蛟龙曲

慈禧陵隆恩殿前东侧石护栏内侧石雕刻图案

慈禧陵隆恩殿前石栏杆之栏板，是一只凤引龙的浮雕雕刻

第一章 神秘的慈禧陵

慈禧陵隆恩殿前月台踏跺石栏板雕刻图案

身出水，腾空向上。凤龙雕刻得十分生动，不仅玲珑剔透、活灵活现，而且在龙的腿、尾、须部，凤的嘴、冠、腿部有 10 处雕透，更使得立体感突出。

　　2. 在隆恩殿周围的石栏杆上，布满了"凤引龙"的雕刻图案。69 块栏板的内、外两侧，雕刻有 138 组"凤引龙追"的图案。一只回首顾盼的翔凤在前面飞，一条昂首的行龙在后面紧跟随，龙凤的下面是海水江崖。栏杆的 76 根望柱头上的雕刻，打破了一龙一凤相间排列的传统形式，所有柱头均雕翔凤，而在柱身内、外两面各雕一条出水升龙，形成"一凤压二龙"之势，并且还是透雕。这种明显的凤压龙的雕刻国内尚未发现第二例，好像在暗寓埋在这里的就是曾挟制过同治、光绪两朝皇帝的女人。

3.在隆恩殿月台的五座踏跺处，共有10块抱鼓石，在每块抱鼓石的两侧都雕有一个团凤，团凤展翅欲飞，亭亭玉立于山石之上，而其下则雕有昂首向上张望的一条行龙。再下面则是海水江崖。在抱鼓石上雕刻龙凤图案极为罕见。这种独特的创意，不仅将慈禧的权欲表现得淋漓尽致，而且将她的奢侈无度的贪欲之心也充分地暴露出来。

慈禧陵隆恩殿月台护栏中的石栏杆之云凤柱头

四是"金龙"。所有外露的柱子全部用镀金铜龙盘绕。清朝陵制，帝后陵的隆恩殿内，只有中间的4根金柱上的图案沥粉贴金，图案多为缠枝莲花或者盘龙。即使是代表着皇权神威、帝王登基时受百官朝拜的紫禁城内的太和殿，也只有六根沥粉贴金盘龙金柱。但重修后的慈禧隆恩殿及东西配殿竟有64根金柱，每根都盘绕一条巨大的金龙，称作"金龙盘玉柱"。这些半立体的铜盘龙，全部镀金，金光四射，闪闪耀目，并在龙头上安装了带有弹簧的龙须，借助空气的流动，龙须自行摆动，栩栩如生，无比美妙。可惜这些盘龙在孙殿英盗陵时被全部拆走了。现在慈禧陵

第一章 神秘的慈禧陵

慈禧陵隆恩殿内柱子上的镀金铜龙头部

隆恩殿内的四根明柱上的盘龙是 1993 年复制的，其工艺和质地与当年的"原装"已不可同日而语。

不仅如此，重修的慈禧陵还有以下谜团，令人困惑不解。

一是隆恩殿和东西配殿所有的绘画中，全部是龙，没有凤。

二是慈禧陵的绘画和雕刻上，龙多凤少。凡是有凤的地方，均是凤占主导地位，龙是从属位置。

三是隆恩殿和东西配殿的金龙柱，龙头都是朝下，龙尾朝上。而崇陵隆恩殿、太和殿等盘龙，均是头朝上，尾朝下。慈禧陵的金龙朝向表现得奇怪得很。

1914 年的慈禧陵隆恩殿

四是原丹陛石被换掉。隆恩殿月台前原丹陛石与新丹陛石相比，雕刻手法上少了透雕，最明显的变化则是海水江崖图案中没有了那只守宫蜥蜴。是否因为这只蜥蜴被换掉，现在是历史之谜。

笔者对以上问题研究后认为，这些现象充分表现慈禧的女权至上思想，向世人的一种炫耀：光天化日之下，就是有龙有凤，但都是龙追凤。比较隐蔽的殿内，就全部是龙，是龙簇拥着她的灵魂。在世人眼里，慈禧陵是用真金白银记录的女权。在研究者眼里，慈禧陵就是女权霸占男权社会的体现。

重修后的慈禧陵经过这么一番打理和折腾，它的豪华程度为清陵中冠首，不仅打压住了慈安陵，就是建在康乾盛世的乾隆帝的裕陵也远远不如它。

第二章 慈禧历史密码

慈禧在清朝是政治明星，在现在则是历史名人。但对于慈禧的出生地和民族属性都出现了争议。历史上对慈禧的称呼很多，她似乎注定是清朝历史上不可或缺的人物，她的知名度一点不逊于任何一位清朝皇帝，她死后的丧事办得更是风光、体面，盛极一时。

慈禧身世

民间传说，慈禧小名叫兰儿。自幼聪明伶俐，早年丧父，家境十分贫困，生活无依无靠，全家不得不从安徽迁居京师，投靠远亲。兰儿是个有心计的人，她不甘心过这种寄人篱下的生活，当时京师盛行雇用丧娘之风。丧娘就是号丧女子。有钱人家死了人，为了显示隆重热闹，就雇用丧娘哭丧。兰儿虽然十六七岁了，但为了挣钱，顾不得少女的矜持，抛头露面出任丧娘。每到一家，她都哭得悲悲切切，凄凄惨惨，满脸是泪，深得丧家主人满意。咸丰元年（1851），恰逢京师选秀女，兰儿不听母亲劝阻，参选秀女，没想到已是18岁的兰儿竟被选中。她凭借着一口娓娓动听的南方小曲以及少女的温柔，迷住了咸丰帝。又因为生了儿子，很快就升为懿妃。咸丰帝死后，母以子为贵，直接晋升为皇太后。但她的地位并不服众，八大臣根本不把她当回事。

第二章　慈禧历史密码

为了垂帘听政,她再次施展丧娘的本事,不顾体面地号啕大哭,她哭孤儿寡母无依无靠,她哭皇帝年幼无人辅助,哭得感天动地,哭得可怜巴巴的,就这一哭,哭得大臣们都心软了,汉蜀时期的刘备以哭见长,慈禧哭得比刘备还凶,大哭一次就得到了不该有的权力,慈禧以此法登上垂帘听政的宝座。此为故事,不可信,但有人以此事来否定慈禧为满人,且质疑她的身世,认为慈禧为汉人,出身低微。

俗话说"人怕出名猪怕壮"。这人要是一出名,就会有各种利益方找来各种麻烦。这话说得太对了,对于慈禧这样一个祸国殃民的败家女人,就因为是历史名人,本来不是问题的事情,也成为一些人争抢的资源。由于慈禧是满人还是汉人这个问题是关系清朝皇帝血统纯正与否的事情,因此,笔者在这里略谈一些。

由于当时满汉不通婚,皇帝的生母不能是汉人,但一些人为了证明慈禧是汉人,让她的出生地首先成了被争论的地方。通过整理,慈禧的出生地有五个说法。

一、甘肃兰州说。经考证,慈禧的父亲惠征根本没有去过甘肃兰州。此说不可信。

二、浙江乍浦说。民间传说不可信,慈禧不可能在此出生,更不可能是惠征的养女。

三、安徽芜湖说。慈禧父亲惠征在此当官时,慈禧已18岁且还入宫了。

四、内蒙古呼和浩特说。慈禧父亲惠征在此当官时,慈禧已经15岁,最多在此生活过。

五、山西长治说。民间某些村民的说法,简直就是天上掉下来的

慈禧皇陵：大清陵墓解密

1904年的慈禧

第二章 慈禧历史密码

故事，无根无据的不值得考证。

对于慈禧的出生地，目前主流说法是北京，也是清朝官方的说法，并且为大多数研究者所认可，也是人们普遍接受的说法。清史专家学者以清宫档案为根据、合理推测为准绳，其理由充分且有力。

一是清朝皇帝挑选秀女的名单。清朝从顺治朝就规定，凡满族八旗人家年满13—16岁的女子，必须参加每三年一次的皇帝选秀女。选中者，留在宫里随侍皇帝成为妃嫔或者宫女，或被赐给皇室子孙作福晋。未经参加选秀女者，不得嫁人。阅选时，按八旗的顺序，一般七八个人站成一排，由皇帝、皇太后们挑选。被选女子的名字，每排写一张单子，留宫中存档，这种名单，在档案中称为"秀女排单"。在中国第一历史档案馆中保存着咸丰五年（1866）慈禧胞妹参加选秀女时用的排单，排单上记载有秀女的地址："西四牌楼劈柴胡同"。

二是记载惠征任职年代和生平的档案。通过查找档案，持"北京说"的专家学者得出明确结论：道光十一年（1831）至道光十四年（1834）、道光十八年（1838）至道光二十九年（1849），慈禧的父亲惠征都在北京任职。只有道光十五年（1835）至道光十八年（1838）的考核档案——"京察册"暂缺，留下了三年"空档"，但是，这三年内，山西潞安知府是达镛，并且达镛一直在任上。经考证，这期间惠征也没有去过浙江乍浦，所以专家学者推断出：道光十五年（1835）慈禧出生时，惠征正在北京任笔帖式。也就是说，慈禧的出生地在北京。

三是宫廷生活档案。根据清宫档案《膳食档》《月戏档》《起居注档》的记载，慈禧最爱吃的是"八珍糕""酥皮饽饽""小窝头""绿豆粥""荷叶粥"等北京小吃；慈禧最爱看的是京剧。专家学者指出，如果传说慈禧善唱南方小曲或善唱山西民歌可以作为旁证，那档案的记载与传说相比，更加可靠、更令人信服：慈禧爱吃的是北京小吃，爱听的是北京的京剧，慈禧只能是北京人。

综上所述，惠征先后在北京、山西、安徽等地当过官。但经过清史专家仔细研究后发现，为慈禧几个出生地所能提供的"证据"与清宫档案记载不符或者多有矛盾，最后认定慈禧出生地只能是北京，其他的那几种说法不可靠。慈禧的家庭属于中等官宦之家，小康生活水平，不可能是贫苦人家的女子，更不可能是汉人。

笔者借用著名清史专家俞炳坤先生在《慈禧家世》中的说法：对于慈禧家世的研究却始终是一个较弱的环节。这不但表现在所记史实过于简略，留有许多空白，而且众说纷纭，真假掺杂，甚至把一些闾巷之言当作信史来传播。

社会上有一种歪风邪气，越是真的，越是有人反着说，其目的就是炒作，达到某种利益。也有个别人为了刷存在感，跟风支持慈禧是汉人说。

根据档案记载，慈禧的档案资料如下：

慈禧，叶赫那拉氏，出生于道光十五年（1835）十月初十日，父亲为安徽宁池广太道道员、三等承恩公惠征。咸丰二年（1852）二月，慈禧被选中秀女，封为兰贵人。五月初九日，慈禧进入圆明园，当年18岁。咸丰四年（1854）二月二十六日，诏封懿嫔，十一月二十五日举行册封礼。咸丰六年（1856）三月二十三日，生皇子载淳，当天诏封为懿妃，十二月初一日举行册封礼。咸丰七年（1857）

第二章 慈禧历史密码

慈禧

正月初二日，诏封懿贵妃，十二月十三日举行册封礼。咸丰十一年（1861）七月十七日，咸丰帝驾崩，当天被尊为懿贵太妃，第二天被尊为皇太后，与慈安并列，称"圣母皇太后"。咸丰十一年（1861）十一月初一日，慈禧与慈安并坐养心殿开始垂帘听政，因其居住在西路储秀宫、长春宫，世人称之为"西太后"，当时她只有27岁。咸丰十一年（1861）十二月十八日，其娘家由满洲镶蓝旗抬入满洲镶黄旗。同治元年（1862）四月二十五日，上徽号"慈禧"二字，称"慈禧皇太后"，简称"慈禧"。光绪三十四年（1908）十月二十二日，慈禧病死在西苑仪鸾殿，终年74岁。最后慈禧的谥号全称为"孝钦慈禧端佑康颐昭豫庄诚寿恭钦献崇熙配天兴圣显皇后"，简称"孝钦显皇后"。

宣统元年（1909）十月初四日，葬入菩陀峪定东陵。

第二章　慈禧历史密码

垂帘听政：巧除八大臣

由于清军与英法联军开战屡屡失利，咸丰十年（1860）八月，咸丰帝以"秋狝木兰"为名，带着后妃由圆明园的后门仓皇逃离北京，前往热河避暑山庄躲避洋人。当时皇后钮祜禄氏居住在避暑山庄东所，懿贵妃叶赫那拉氏居住在西所。九月初五日，英法联军再次进入圆明园，在抢劫之后，为了毁灭证据，英国专使额尔金决定焚烧举世闻名的圆明园。圆明园被烧，这可把咸丰帝吓坏了，被迫令留驻北京的恭亲王奕䜣与英法签订了《中英北京条约》和《中法北京条约》，换取英法联军撤离北京。但由于身体原因，咸丰十一年（1861）七月十七日，咸丰帝病死在避暑山庄烟波致爽殿西间寝室。咸丰帝一死，他的皇帝权力暂时落在八大臣手中，八大臣全称为"赞襄政务八大臣"，这八大臣中没有恭亲王奕䜣。

慈安在承德避暑山庄居住的东所

慈禧在承德避暑山庄居住的西所

第二章 慈禧历史密码

慈安陵东配殿

咸丰帝任命的八大臣,有四位是御前大臣,即怡亲王载垣、郑亲王端华、协办大学士户部尚书肃顺、额驸景寿(道光帝皇六女寿恩固伦公主的额驸);有四位是军机大臣,即兵部尚书穆荫、吏部右侍郎匡源、礼部右侍郎杜翰、太常寺少卿焦佑瀛。然而,由于这些大臣与皇太后不是一心的人,咸丰帝死后,奕䜣和两宫皇太后联手,铲除了八大臣。这就是清朝历史上有名的"辛酉政变",又称"北京政变"。

原来,当咸丰帝死后,按照他生前的安排,"皇长子载淳,著立为

慈禧皇陵：大清陵墓解密

烟波致爽殿的西间内景

皇太子"，皇位由皇太子继承。由于皇太子年龄太小，仅有6岁，故此，国家政务由"赞襄政务八大臣"协同办理，即行使皇权办理国家事务。为了防止"赞襄政务八大臣"擅权弄势，咸丰帝想出一个办法，那就是让皇后和儿子载淳监督和控制"赞襄政务八大臣"行使皇权。

那么，皇后和载淳怎么监督和控制的呢？

咸丰帝设计的方案是这样的：咸丰帝给了皇后钮祜禄氏一枚"御赏"印章，给了儿子载淳一枚"同道堂"印章（后来因为载淳年龄太小，"同道堂"印章由生母那拉氏代管），凡是"赞襄政务八大臣"所拟谕旨，均要在谕旨开头盖"御赏"印章，谕旨末尾盖"同道堂"印章，只有同时盖有这两枚印章的谕旨才是有法律效力的。也就是说，先得皇太后同意发谕旨，并最后认可谕旨内容才行，所以才有两枚印章必须同时使用的规定。咸丰帝之所以这样设计，既是对"赞襄政务

第二章　慈禧历史密码

"同道堂""御赏"石章

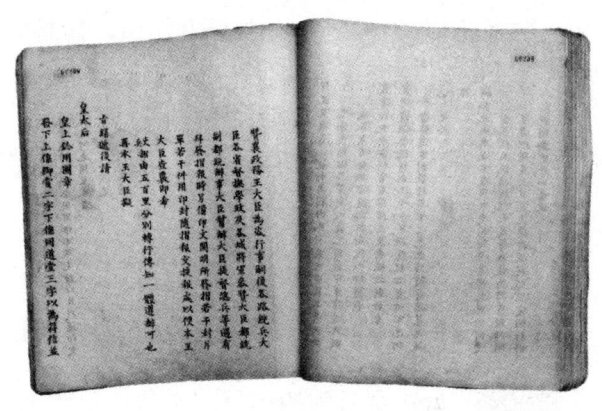

关于辅臣拟旨钤盖"御赏"和"同道堂"印章的通知

"八大臣"权力的限制，也是一种政治平衡，其目的是确保皇权最后能平稳过渡到他儿子载淳的手上。然而由于这种不属于国家法律制度的政治设计，最终导致了"赞襄政务八大臣"政治的悲剧，"赞襄政务八大臣"被两宫皇太后和奕䜣联手铲除，最后形成了两宫皇太后"垂帘听政"的政治格局。

咸丰十一年（1861）七月十七日，即咸丰帝死的当天，咸丰帝的儿子载淳即为嗣皇帝，原中宫皇后钮祜禄氏被尊为皇太后，载淳的生母懿贵妃那拉氏被尊为懿贵太妃。同日公布了办理咸丰帝丧仪的王公大臣名单:"著派睿亲王仁寿,豫亲王义道,恭亲王奕䜣,醇郡王奕谭,大学士周祖培,协办大学士、尚书肃顺,尚书全庆、陈孚恩、绵森,侍郎杜翰恭理丧仪。"其中,令豫亲王义道、恭亲王奕䜣、大学士周祖培、尚书全庆仍在京办事。

咸丰十一年(1861)七月十八日,嗣皇帝载淳恭视大行皇帝升吉轝,于烟波致爽殿阶下跪送后,即趋诣澹泊敬诚殿后檐下,恭迎大行皇帝吉轝。巳时,敬视大殓毕。奉安梓宫于澹泊敬诚正殿,行殓奠礼。嗣皇帝以烟波致爽殿西所为倚庐,席地寝苫,自是日至启奠以前,每日诣几筵前奠献三次。当日,内阁奉上谕,尊皇后为"母后皇太后",尊生母为"圣母皇太后"。后又定母后皇太后徽号为"慈安",圣母皇太后徽号为"慈禧"。

咸丰十一年(1861)七月二十六日,八大臣拟定了四个年号供两宫皇太后挑选,即"祥祐""安禧""兴符""祺祥"。两宫皇太后选定了"祺祥"为新君所用的年号,并将此事于七月二十八日通知了留京王大臣。

咸丰十一年(1861)九月初四日,两宫皇太后以嗣皇帝名义颁发了三道与这次回京有关的谕旨。

一、十月初三日,恭送咸丰帝灵柩回北京,所有应赴兰沟恭迎之王公以下一品大臣及镇国将军等,均在清河芦殿恭迎。

二、令所有留京办事王大臣及王公文武各官,均于本月二十九日迎接嗣皇帝、皇太后。

三、应载垣、端华、肃顺三人要求,令免除:载垣銮仪卫上虞备用处事务;端华步军统领职务;肃顺管理理藩院并向导处事务。

第二章 慈禧历史密码

本来，载垣、端华、肃顺等想借着这次回京之际请辞要职要挟两宫皇太后，以显示他们的重要性。然而早就对他们心怀不满的皇太后借坡下驴，以其矛攻其盾，利用这三人的请求，解除了他们三人的重要职务，为日后逮捕他们提供了有利的条件。

根据安排，死者与生者启程回北京日期为同一天，但行走道路不相同，日期也不相同。其中，梓宫自九月二十三日至十月初三日回到北京，共11天10夜；嗣皇帝、两宫皇太后等人自九月二十三日至二十九日回到北京，共7天6夜。这样安排便于皇帝提前回到北京迎接咸丰帝梓宫入城。

咸丰十一年（1861）九月二十三日，两宫皇太后、嗣皇帝及咸丰帝棺椁回京的日子。咸丰帝棺椁先行，两宫皇太后同行，嗣皇帝随行，并赶在他们之前，提前来到驻地，先是迎接咸丰帝棺椁，然后是迎接两宫皇太后，依此方法类推。夜间下雨。

咸丰十一年（1861）九月二十四日，嗣皇帝先到两宫皇太后那里问安。然后到芦殿给咸丰帝梓宫"行朝奠礼，跪送梓宫启行"，然后恭送两宫皇太后启行。

咸丰十一年（1861）九月二十五日，嗣皇帝到常山峪行宫给两宫皇太后请安，驻跸两间房行宫。

咸丰十一年（1861）九月二十六日，嗣皇帝到两间房行宫给两宫皇太后请安，驻跸要亭行宫。

咸丰十一年（1861）九月二十七日，嗣皇帝到要亭行宫给两宫皇太后请安。在罗家桥行宫驻跸时，因担心雨后路上泥泞不好走，派乾清门侍卫布勒和德、索普多尔扎布两人打听二十三日夜间下雨后，咸丰帝梓宫在路上是否安全通过。当听到咸丰帝棺椁通行顺利后，嗣皇帝很高兴，于是赐赏银一千两给校尉、民夫。当天晚上，嗣皇帝留宿在密云县行宫。

咸丰十一年（1861）九月二十八日，嗣皇帝到密云县行宫给两宫皇太后请安，当晚住宿在南石槽行宫。

咸丰十一年（1861）九月二十九日，嗣皇帝到南石槽行宫给两宫皇太后请安，路上分别在蔺沟行宫、霍家营停留休息，之后进入北京皇宫。

咸丰十一年（1861）九月三十日，嗣皇帝到绥履殿给慈安皇太后请安，到平安室给慈禧皇太后请安。胜保奏请皇太后亲理大政。皇太后指责载垣、端华、肃顺等三人"种种跋扈不臣"，以嗣皇帝口气说，自己在避暑山庄时就已经将三人解除职务，因此命恭亲王奕䜣、桂良、周祖培、文祥传旨，将载垣、端华、肃顺革去爵职捉拿审问，交宗人府会同大学士、九卿、翰、詹、科、道，严行议罪。随即派睿亲王仁寿、醇郡王奕譞带人将肃顺捉拿，押解回京问罪。

咸丰十一年（1861）十月初一日，两宫皇太后指责肃顺在被逮捕时，并不老实，不愿束手被擒，咆哮狂妄，目无皇帝，造反情形令人发指。并且在护送咸丰帝棺椁回京期间，私下带家属同行，夜间同居，违法违纪。鉴于肃顺有这等恶劣行为，于是令人查抄肃顺所有家产。由于肃顺的家产有两处，因此令春佑严密查抄肃顺在热河私寓、熙拉布查抄肃顺在京家产。

咸丰十一年（1861）十月初三日，咸丰帝梓宫到北京，在嗣皇帝的跪迎、恭引下，停灵乾清宫，两宫皇太后率领宫眷在乾清宫跪迎。

第二章 慈禧历史密码

奉安后，嗣皇帝号泣行奠祭礼，王以下文武官员俱举哀行礼。未时，嗣皇帝诣几筵前行晡奠礼。自此，嗣皇帝以懋勤殿为倚庐，每日诣几筵前供奠三次。

咸丰十一年（1861）十月初五日，两宫皇太后同意改用新年号"同治"。虽然之前的"祺祥"年号是两宫皇太后选定的，却是肃顺等人拟定的，因此将此年号否定，意味着否定了肃顺等人"赞襄政务八大臣"的身份。

咸丰十一年（1861）十月初六日，两宫皇太后公布肃顺等人罪行，指责载垣、端华、肃顺等人捏造"赞襄政务八大臣"身份，并指出这些人诸多罪行，实在不能饶恕，因此必须治罪：载垣、端华均著加恩赐令自尽；肃顺著加恩改为斩立决；御前大臣景寿著即革职，加恩仍留公爵并额驸品级，免其发遣；兵部尚书穆荫著即革职，加恩改为发往军台效力赎罪；吏部左侍郎匡源、署礼部右侍郎杜翰、太仆寺卿焦祐瀛，均著即行革职加恩免其发遣。就这样，咸丰帝死前任命的"赞襄政务八大臣"，以三死五撤职为结局，消失在历史舞台。

咸丰十一年（1861）十月初九日，在紫禁城举行登极大典，嗣皇帝载淳在太和殿即皇帝位。翌年改元为"同治"，是为同治帝。新皇帝的即位，意味着咸丰朝已经过去，大清国历史开始进入了新纪元——同治朝。

咸丰十一年（1861）十一月初一日，两宫皇太后在同治帝的陪伴下，正式在养心殿垂帘听政，王以下大学士六部九卿于养心门外行礼。自此，两宫皇太后由幕后转为前台临朝执政。

咸丰十一年（1861）十一月十九日，两宫皇太后令将八大臣假传和伪造的谕旨以及共同参政议政名目等均销毁。

很明显,此举是为了彻底抹杀八大臣的政绩,因为"赞襄政务八大臣"执政期间,所发谕旨上"钤盖御印,实出于不得已",既然他们当时的身份已不予承认,所发的两道谕旨也被认为是假的,因此不能录入《文宗显皇帝实录》,只能销毁。但为了给后人留一份查找证据,将伪造的两道谕旨存档备查,其中抄录时要低两格书写,以示区别。

垂帘听政并非慈禧所发明,这是因为古时男女有别,不能直接与臣子面对面,需要在御座前悬挂帘子,皇太后在帘后接见群臣,所以叫"垂帘听政",也叫"临朝称制"。据考证,中国的垂帘听政始于战

养心殿东暖阁,慈禧太后垂帘听政处

国时期秦国的宣太后芈八子，也有说是始于汉朝初期汉惠帝不理政事，吕后临朝。

慈安和慈禧两宫皇太后垂帘听政的地点在紫禁城养心殿正殿的东暖阁。在东暖阁里一前一后摆设两个宝座，都朝西，后面的座前挂一黄色纱帘。听政的时候，小皇帝坐在帘前宝座上，两位太后并肩坐在纱帘后的宝座上，慈安在南，慈禧在北。应召前来的大臣跪在小皇帝前边的地毡上，膝下垫着垫子。主要是后边坐的西太后，听大臣奏报，向被召见的大臣问话、发指示。小皇帝呆坐在前，一言不发，只是一个傀儡皇帝。

慈禧以子为贵，通过垂帘听政的方式，开始走上中国历史上的政治舞台，成为一代女强人，并统治清朝48年之久。

慈禧与"亲爸爸""老佛爷""老祖宗"

慈禧的称呼很多,在一些清宫影视剧中,往往光绪帝称呼慈禧为"亲爸爸",宫女和王府格格又称慈禧为"老祖宗""老佛爷",这是怎么回事呢?

笔者必须明确地说明,对慈禧以上的称呼,清宫档案上没有记载,都称慈禧为"皇太后"。仅有私人笔记记载,且称呼慈禧为"亲爸爸"的人,仅限于光绪帝一人。

为什么光绪帝称呼自己的继母为"亲爸爸"而非满族称呼"额娘"?这与慈禧的性格和认知有关。按慈禧的说法,这是她对光绪帝的"爱怜",她曾这样说过:皇帝是我的亲侄子,又是亲外甥,是我妹妹的儿子,我必然爱惜。

有故事说:慈禧小时候,性格像个男孩子,争强好胜,不甘人下,

第二章 慈禧历史密码

光绪帝朝服像

为达目的不择手段。当她的弟弟桂祥还未出生时,她的父亲惠征仅是一名吏部笔帖式,地位低,收入微薄,不算富裕的家庭还得养着她们姐妹两人。一次,她父亲的上司到她家做客,闲谈中问及子女。惠征只能如实回答,有两个女儿。上司听后,摇摇头叹息地说:"我也一样,闺女大了也顶不了用,无法支撑门面,没法光宗耀祖,出人头地。"这本是聊天闲话,亦真亦假。不料被端茶水的兰儿听见了,对她很是刺激。于是她回到屋中,就对妹妹说:"我就不信女人这么不顶用,都瞧不起咱们女人。妹妹,咱们姐俩争口气,一人生一个皇帝,给咱家争光露脸。"后来,慈禧凭借美色和一口小曲,被咸丰帝宠爱,生下同治帝。慈禧妹妹嫁给醇亲王奕譞,生的子女中,第二子载湉很有福相。而此时同治帝正好死了,慈禧为了兑现自己的诺言,将妹妹的儿子载湉抱进皇宫即位成为后来的光绪帝。就是这样,天下最难办的事情,慈禧轻而易举办到了,还是那么天衣无缝,正因如此,慈禧在得意之余,为了显示自己的权力,让光绪帝称呼自己为"亲爸爸"。在"爸爸"之上,还加了一个"亲",用以强调她的心性:我的侄是我的儿。我们是亲上加亲、亲更亲,光绪帝是我的最爱,是唯一的。

实际上,"爸爸"这一称呼是男权社会中力量和靠山的代名词,这是中国封建社会重男轻女思想的一种反映,是慈禧显示自己权威至尊至贵至高的一种手段,是慈禧的个人发明而已。中国封建社会一直传袭轻视女子的思想,女子只能作为男子的附庸。在中国传统的宗法制和家长制的影响下,人们对男子的权力是尊崇的,天下最尊崇的男人是皇帝,皇帝的话是金口玉言。慈禧处于最高的尊贵地位,便喜欢皇帝以男子的称呼来叫她。为了掩饰非亲之嫌,慈禧让光绪帝在

"爸爸"之称前特加一个"亲"字,用"亲爸爸"向天下臣民暗示她的权力、权威至尊无上,以表明她是大清国天经地义的最高统治者。

德龄,父亲是清末外交官裕庚,母亲是法国人,作为慈禧御前女官曾在宫中生活两年,她亲耳听到光绪帝每次向慈禧请安时都要说:"亲爸爸吉祥!"并在《清宫二年记》中对此解释道:皇太后特别希望自己是男性,因此令人以称呼男性的方式称呼自己。

德龄

由于历史原因,笔者虽也为满族,但不懂满语,不习满文,更不懂满族对长辈的称呼用语。因此曾请教过清东陵的一些满族老人,他们表示从来没有称自己母亲为"爸爸"的,都称生母为"奶",称父亲为"阿玛",称奶奶为"太"。至于某些中国台湾学者认为,满族人对于父亲的姐姐以及祖父的长女可以叫"baba"(爸爸)。这种说法无从考证,不以为信。

对于称慈禧为"老祖宗"的说法,德龄的妹妹容龄同样在皇宫中陪侍过慈禧,她在《清宫琐记》中说:按清宫里的惯例,王府的格格和宫女们称慈禧为"老祖宗"。这是因为王府的人很多，有的比慈禧小一辈，有的小两辈或三辈，为了称呼方便，所以统称她为"老祖宗"。太监们称慈禧为"皇太后"，在背后则称"老佛爷"。

有传闻，称呼慈禧为"老佛爷"是从李连英开始的。清朝，每逢干旱无雨，为表示重农爱民之意，皇帝就会以天子身份代民向天祈求下雨。慈禧垂帘听政期间，自然效仿皇帝也举行仪式祈求下雨，但与皇帝祈雨有所区别，她是在皇宫中求雨。祈雨时，慈禧头戴柳枝，皇后、妃嫔以及太监、宫女也是如此。当时佛教认为，柳枝可以招雨，观世音菩萨的净瓶里就是柳枝，用以降雨，故此凡是求雨，均头戴柳枝。慈禧带领众人来到行礼殿，殿内正中摆放一张大方桌，桌上有一张纸、两支笔，一只玉碗，碗内有银砂，以此代墨。方桌两旁各放置两个大瓷瓶，瓶内插有柳枝，众人恭恭敬敬地站在桌两旁观看。慈禧将自己穿的一件黄缎褂放在桌前供台上，将檀香放入炭火盆内焚烧，慈禧在正中跪在黄缎褂前，众人也跟着跪下。女读祝官跪读祈祷词：（大意是）祈求上天和众佛，垂怜我们并救天下贫苦百姓于饥饿之中，我愿意牺牲自己代替百姓向您求雨。（读三遍，行三次礼）有一次，慈禧刚行完礼，天果然忽降大雨。众人欢呼高兴之余，不断称赞圣德，感恩上天。于是李连英趁机说：太后您的话真是灵验，雨这就来了，您真是佛爷啊。于是，慈禧的"老佛爷"称呼就这么被叫开了。此为故事，一笑而已。

但慈禧信佛是真的。宫中的大多数孤寡女人都信佛，寄以身心的寂寞和精神的空虚。慈禧不但信佛，还崇佛、敬佛、礼佛，是不折不扣的虔诚佛教弟子。有人称，"老佛爷"一词并不是慈禧专属，应该

第二章 慈禧历史密码

是宫中内外对崇信佛教的帝后的一种尊称。但此说法无从考证。

据德龄说：太后生性很崇奉佛教，她有一尊瓷制的观音像，差不多是终年不断地虔诚供奉着的。有时候她也喜欢念经，所以必须另有一间静室（供奉观音，礼佛读经殿）。慈禧信佛，是很虔诚的，即使外出巡视也是如此。

据美国画家卡尔记载："宫中的人都称呼慈禧以'老佛爷'三字代之。此三字即含有神圣不可侵犯之意。她自西安府回銮后，人遂易称以'老祖宗'。皇上、皇后亦如是称呼，太后命令我也要这样称呼她。"光绪二十九年（1903），德龄入宫后，慈禧对她说："我引导你见光绪帝。但你必须称呼他为'万岁爷'，而称呼我为'老祖宗'。"并且慈禧也曾说："以后凡有所赐给，这都是小事，你只要称呼'老祖宗'谢谢就可以了。"由此可见，慈禧自从从西安回到北京，性情也变了，她不再那么相信佛教，转而更相信祖宗的功德和保护。或者说，她认为祖宗比信佛更有用。

美国画家卡尔

慈禧皇陵：大清陵墓解密

卡尔画的慈禧像

通过以上分析可以知道，从"亲爸爸""老佛爷""老祖宗"这些称呼上可以透视到慈禧内心世界的空虚和极强的虚荣心、自尊心。

慈禧：都该死，杀无赦

有种幸福叫活着真好，有种倒霉叫遇上慈禧。慈禧虽为皇太后，但心胸狭小，并无母仪天下的胸怀和气概，睚眦必报是她做人做事的准则，谁要招惹了她，别想有好下场。

民间传说，慈禧小的时候，天资聪明、漂亮，就是心胸狭小，小肚鸡肠，记仇又记一辈子。慈禧未入宫前，有一次她出去游玩，看见有卖花的，特别喜欢，尤其是看见有兰花，含苞待放，亭亭玉立，花骨朵上还有晶莹的露水，更显得清新脱俗，她一下子就喜欢上了。可是，她的钱根本不够买花的。伤心之余，虔诚地恳求卖花的父女少要一些钱。可是卖花的老头的口气，一点商量的余地也没有："我们卖花就是为了糊口，也是有成本的，价钱一点不能少。"跟随老头一起的女孩子也就八九岁的样子，也随声附和，不屑地说："这么好的花，

第二章 慈禧历史密码

想得真美,买不起就拉倒,不砍价。"卖花父女的冷嘲热讽,伤害了兰儿的自尊心,大声怒喝道:"你们是狗眼看人低,不卖拉倒,为什么这么气人呢?等姑奶奶有钱了,一定给你们一点颜色瞧瞧。"父女俩见兰儿这般凶狠,就把她当疯子,根本不搭理。遭到了藐视,这下子兰儿更来气了,咬了咬牙,在心里狠狠地说:"谁让我一时不顺心,我就让他痛苦一辈子。"慈禧是这么想的,也是这么做的。后来,慈禧入皇宫迷住了咸丰帝,又生下了儿子,母以子为贵,当上了皇太后。忽然有一日想起了当年受卖花父女侮辱的事情,就令人将那卖花父女找来,盛气凌人地问跪在地上的老头:"你们认识我吗?"

"您不……不是皇太后吗?"老头颤抖着结结巴巴地回答。

"噢,10年前你还是睁眼瞎,怎么今天倒认出我来了!"

父女两人才恍然大悟,认识到大祸临头,豆大的汗珠从两人额头滚落,老头的女儿已经十八九岁了,更是吓得脸色苍白,说不出话来,两人只是不停地叩头求饶,恳求慈禧宽恕。

慈禧此时特别得意,两眼一瞪,皮笑肉不笑地说:"早知如此,何必当初。我白受的气,不能这样就放过了。来人,将这个老东西带下去,自今儿起在御花园专门为我养兰花,死一棵花就拿他是问。没有我的口谕,不允许任何人与他说话,让他孤老而死。"

而后,慈禧又对那个卖花女孩说:"把她拉下去,今夜配给麻脸刘老太监为婚,我要让她守活寡,痛苦一辈子。"说罢,慈禧开怀大笑起来,笑得是那么开心。慈禧的笑声中飘荡着奸邪,表达着她知道当寡妇的痛苦和所受的折磨。

慈禧就是这样的人,谁敢招惹了她,谁就只能自认倒霉,一世无法翻身。据档案记载，慈禧的狠毒不仅是对外人，就是自己的至亲、至近和至爱，为了权力，她都下得了手，并且都是狠毒至极，不留一个活口，不会放过任何人。

俗话说"虎毒不食子"，但这句话对于慈禧来说，是不适用的，她所表现给世人的是"最毒莫过妇人心"，她效仿和崇拜的是一代女皇武则天。

咸丰十一年（1861）十月初九日，年仅6岁的载淳在紫禁城太和殿举行登极大典，是为同治帝。

同治十一年（1872）二月初三日，两宫皇太后正式宣布为同治帝选定了一后、一妃、二嫔、一贵人共五人。

同治十一年（1872）九月十五日，同治帝大婚，迎娶皇后阿鲁特氏。

同治十二年（1873）正月二十六日，同治帝亲政，开始处理国家大事。

同治十三年（1874）十二月初五日，同治帝病死在养心殿东暖阁，年仅十九岁。

同治帝只有19岁就死了，人们颇感震惊。清朝官方记载，同治帝死于天花。但人们认为同治帝的死是另有原因。因为同治帝生前与慈禧关系紧张，虽与皇后夫妻关系亲密，但中间因为有慧妃富察氏的存在而遭到慈禧的干涉，又风闻他有野游的习惯。故此，民间风传同治帝死于梅毒。梅毒是一种性病，一般为不洁的两性关系所致。

同治帝亲政时，刚18岁，由于其性情刚烈，在处理政务上时常与朝臣发生矛盾，慈禧又时常出面干涉，这令同治帝大为不满。同治帝

第二章 慈禧历史密码

同治帝朝服像

在选立皇后时，遵从慈安的建议，自己做主，选阿鲁特氏为皇后，虽然婚后两人夫妻和睦甜蜜，但这在慈禧的眼里，却是极大的嘲讽。因此，慈禧常常对同治帝说，慧妃挺好的，要经常到那里，这令同治帝没有了家庭的乐趣。他实在不喜欢慧妃，但在与皇后共处时又尝到了男女之间的快乐，他又离不开这种温柔之乡和床笫缠绵无限的诱惑，为了掩人耳目，他又不能随意靠近身边的宫女。兔子不吃窝边草的同治帝，为了保护自己，只能到皇宫外寻找男女间缠绵的乐趣。由于身份特殊，同治帝并不敢到有名的妓院游玩，怕遇到朝中大臣等熟人，于是只能由一两个小太监陪同到一些隐秘的小窑，麻醉自己，放纵淫欲，虚度时光，逃避现实，只有与女人在一起，才能找回迷失的自我，与女人的快乐也是一种征服。同治帝在政治和生活上的失意，造成他更依赖、迷恋女色。妓院方面后来发现是皇帝，但假装不知，并不声张，一味挣钱。由于低级妓院卫生条件差，人员混杂，同治帝年幼，不知道保护自己，只顾放纵情欲，终于染上了梅毒。开始这病毒并不发作，等发作的时候，面部和腰部均遭到伤害。同治帝将太医传来，御医一眼就认出这是梅毒，但不敢声张，反而请示慈禧这是什么病。慈禧就说，这就是天花。于是御医以治疗天花的药物治疗，很长时间也治不好。同治帝大怒："我的病根本不是天花，为什么要用这方法治疗呢？"御医如实回答："这是皇太后的意思。"同治帝死的时候，下身溃烂，臭不可闻，腰上有一个溃烂的大洞，深可见肾脏。

又有传闻，同治帝死于慈禧的加害。

同治帝贪淫好色，不幸感染了风寒和血毒，病治好后，又开始了寻欢作乐，以至后来干脆整夜不回宫，致使上次患病的病根加上这次纵欲成瘾，同治帝的病再次复发。御医只是用不痛不痒的药物，以致同治帝都瘫痪在床了。慈禧等对外却说，同治帝得了天花。谁料，到了十二月份，同治帝的病竟奇迹般地好起来，但需要宫女搀扶才可以，同时胃口大开，这本是好事。但慈禧令人断了同治帝的用药和饮食。于是没出几日，同治帝就死了。

清逊帝溥仪认为，同治帝虽患有天花，却是死于惊吓，引发了病变。

同治帝病倒后，皇后阿鲁特氏出于夫妻的关爱，到养心殿看望皇帝，同时诉苦慈禧对她的责骂，故而委屈地哭泣起来。同治帝只得安慰皇后，劝她容忍，总会有出头之日。慈禧本来就不喜欢这个儿媳妇，听说皇后探望皇帝，就去偷听。当听到夫妻两人的这番谈话时，不由得怒从胆边生，怒气冲冲地闯进去，抓住皇后的头发就是一顿暴打，还令人准备棍杖伺候。同治帝被婆媳两人的打闹吓得昏了过去。

由此可见，同治帝的死与慈禧有着直接的重要关系，干涉朝政和同治帝夫妻生活，并且惊吓同治帝。众所周知，患有重病的人，最怕惊吓，容易引发病重和病变。

同治帝一死，皇后阿鲁特氏的处境就非常尴尬了，她被封为嘉顺皇后，言外之意让其老实点、顺从些。而新皇帝又为咸丰帝继子，为同治帝的弟弟，因此她就成为新皇帝的皇嫂，自此并无出头之日。她向父亲请教办法，她的父亲暗示，只有死才是解脱，才能摆脱现在的困境，于是皇后就选择了死。其实，在皇后生前，就因为她不配合慈禧的兴趣和爱好，讽刺慈禧喜欢看淫秽戏表演，还频频释放不友好的信号，招惹慈禧生气。慈禧早就想废掉皇后，但是朝臣说，皇后是由

孝哲毅皇后朝服像

第二章　慈禧历史密码

大清门抬进来的，非大清门进来的人，无权废除大清门进来的人。这就令慈禧更为恼火，认为这是嘲讽她虽是皇太后，却非正牌皇后。

同治帝的皇后死了，慈禧彻底铲除了至亲——同治帝两口子，但慈禧的怒气并未消，因为她想到了经常与自己作对的慈安，同治帝选这个皇后就是受了她的指使，并由此想起了多年前慈安羞辱自己的一次教训。

慈禧和慈安虽然垂帘听政，但是慈安是正牌皇后，被称为"母后皇太后"，在气势上总是压着自己一头。后来慈禧就暗自揽权，试图摆脱慈安的影响，很快被慈安察觉，于是慈安就想借机教训慈禧。

有一次，慈安、慈禧到东陵祭奠咸丰帝。咸丰帝定陵隆恩殿暖阁前，正中的宝座供奉咸丰帝的神牌，东边的宝座上供奉着孝德显皇后

定陵隆恩殿

孝德显皇后朝服像

神牌。前面的供桌上摆放着祭器和祭品,以及太牢(一牛两羊)。在供桌前面是五供桌和香案、酒桌,两旁是果品桌和善品桌。祭奠时,慈安站在东边,示意慈禧站在西边。逞强的慈禧看着慈安,暗中盘算:过去你是皇后,我是贵妃,地位低于你。现在我儿子当了皇帝,我是圣母皇太后,同样是皇太后,地位不比你低。让我站西边,这是在大庭广众之下故意贬低我呢?慈禧见祭奠之处正中还有一个空垫子,就想站在这前面,认为这样一来自己的地位就会高于慈安。她想迈步的时候,用带有挑衅的口气问:"姐姐,咱俩祭灵,怎么铺了三个垫子?"慈安把眉毛一挑,很不高兴地说:"这还用问,上面还有一位姐姐呢!"听到此言,慈禧才意识到,中间的位子是留给孝德显皇后的。于是自讨没趣回到西边。慈安沉着脸一本正经地说:"一点规矩也没有,太不懂宫中的规矩了。"慈禧又羞又怒,不敢吱声,强忍住不满,借助祭灵时的大声嚎哭来发泄和掩盖自己的尴尬。

这件事情过去没多久,慈禧手下太监安德海出宫为慈禧采办龙衣,招摇过市,大肆张扬。同治帝早就憎恨安德海,欲除之,他用泥巴做了个小人称是安德海,然后用宝剑砍断泥人头,以此解恨,表示要杀安德海的决心。安德海的出宫被同治帝知道,同治帝就令山东巡抚丁宝桢杀之。安德海被抓后消息传到皇宫中,慈安召开御前会议,历数安德海罪行,指示杀之。慈禧虽想救安德海,却也无能为力。

后来,慈禧又获知,慈安手里有一道咸丰帝亲笔密旨,以防备慈禧专权所用。这下子可把慈禧吓坏了,惊恐万状,害怕慈安之时,更是憎恨慈安。为了消除隐患,慈禧韬光养晦,表面上与慈安更加亲密,暗中却寻找机会除掉慈安,为此,她趁着慈安生病之际,还上演

慈禧皇陵：大清陵墓解密

慈安画像

了一出"苦肉计",获取慈安的信任。有一次,慈安因操劳生病,慈禧就倍加殷勤,问寒问暖,床前端水端药侍候,还一口一个"姐姐"叫着,慈安颇受感动。但有一天,慈安吃了一次药之后,感觉很精神,慈禧却连续几天不见踪影,而慈安的病也很快见好了。后来,慈安遇到慈禧,见慈禧的胳膊上缠着白布,不解地问:"妹妹怎么了,胳膊受伤了?我说这几天不见你了呢。"

慈禧面露为难之色,有点扭捏地说:"谢谢姐姐挂念,没什么!"

慈安见状,知道有事瞒着她,就追问道:"咱们姐俩的关系,有什么事不好说呢?"

慈禧这才说道:"哎,姐姐这么一病,我心里难受,好像倒了一座大山。听说用人肉做药引子,治病会很快的,为了快点治好姐姐的病,所以我就把胳膊上的一小块肉……"说着竟然呜呜咽咽地哭了起来。

慈安被打动了,泪水也跟着流淌下来:"妹妹你这是何苦呢?咋这么傻呢……"慈禧见妙计得逞,转而思念起小安子的惨死,不由得真的悲戚起来。

慈安被彻底感动了,她就把慈禧叫到自己的宫里,对慈禧说:"妹妹,姐姐给你看一件东西。"说着就拿出来咸丰帝给她的密旨,对她说:"妹妹这么好,今天当着你的面,咱们烧了它,见证咱姐俩的关系。"说罢便将密旨烧了,火光中了却了慈禧的心病,自此她再也没有什么可怕的约束了,但日后也断送了慈安的性命。

后来,慈安再次生病,慈禧依然十分热情地送汤送药,可是不久,慈安就死了,那时慈安才45岁。档案记载,光绪七年(1881)三月初十日戌时,慈安猝死于钟粹宫。身体素来强壮的慈安,两天就病死了。而且死后的一些记载,都在表明不正常。

一是慈安生病前,朝中大臣不知晓病情,死后也无人告知。

二是慈安生病当天的药方没有了,只有死前的五张药方,御医人数也由一名变为三名。

三是慈安死后的丧仪很是简朴,根本不像是为皇太后办丧事。

据光绪帝师傅翁同龢记载,初十日,慈安偶感风寒,未进饮食,身体感到不舒服,没有召见军机大臣,值班大臣只是请安问候,当天夜里十一时,就有两个宫中的苏拉(宫中杂役人员)到翁同龢家"报丧",说"东圣上宾"。翁同龢听到这个消息,急忙起来赶到皇宫,夜里十二时的皇宫很是安静,只是在乾清门遇到一个太监、一个侍卫,向这两人打听,他们也听说了此事,但不敢确定是真是假。因为其他门都上锁关闭着,没有人,安静如常。陆续赶来的一些大臣,也都只能坐在内务府板房内等候消息。大家猜测门若不打开,也许没有事。大

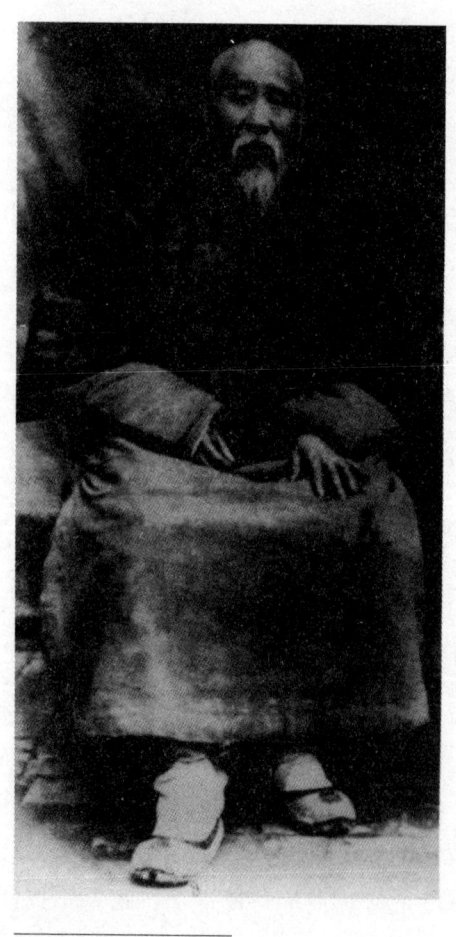

翁同龢

第二章 慈禧历史密码

光绪帝读书像

约凌晨三时，乾清门打开了，翁同龢在奏事处看到五张药方，这五张药方全是初十日的，没有初九日的药方。当太阳露头的时候，朝中大臣才赶来哭丧。这一切现象十分反常。

首先，慈安病危时身边没有近支王公大臣等。其次，首先赶来皇宫的翁同龢获取消息的渠道并非正常官方渠道。再次，当来到皇宫时，内宫大门都关闭，非常安静，没有异常。最后，近支王公大臣等获得慈安死亡消息的时间更晚。既然慈安已死的消息连宫中仆役都已经知道，那为什么宫中大门还一直关闭很安静呢？按照正常做法，人病危或已死就应该立刻发出通知，然而宫中大门已经打开，却没有立刻通知近支王公大臣等前来哭丧。

虽然慈安不明不白地死了，慈禧除掉了她的至近，却没有令慈禧彻底地开心，因为她感受到了，她的最爱——光绪帝，并不像她想象的那么老实本分，此外还有一个不安分的珍妃。这两个人的出现，成了慈禧新的眼中钉、肉中刺。

原来，光绪帝在慈禧的眼里，是一个很听话乖巧的孩子，他的皇后就是听从自己的安排选立的，两个妃子也是自己认可的，所以按理说，光绪帝不会违背自己的一切决定。但尽管如此对于慈禧来说，她会因为光绪帝亲政而失去执政和参政的权力，这才是对她最大的打击。当初慈禧为了日后保留参政的权力，她将自己侄女选立成皇后，以便时刻监督光绪帝，自己日后随时参政。然而，慈禧想错了，光绪帝为了真正掌握皇权，他很理性，知道鲁莽是魔鬼，于是韬光养晦，隐忍不发，蛰伏待机，当他的羽翼丰满并拿到了属于自己的皇权，光绪帝便开始想摆脱慈禧的控制了。光绪帝虽然不喜欢皇后——

第二章 慈禧历史密码

慈禧的亲侄女，但是他找到了属于自己的爱情——珍妃。人们常说"家有良妻，男人不做横事"，言外之意，男人的好与坏，与自己身边的女人有直接关系。因此，光绪帝在珍妃的支持下，越发地不听从慈禧的安排了，这主要表现在朝政上。慈禧发现了不好的苗头，及时进行了制止和阻止：警告式教训——痛打珍妃。毕竟光绪帝是皇帝，不能动以暴力，可是她可以杀鸡给猴看，隔山打牛。对于这个招数，慈禧是最早的发明者和使用者。她打光绪帝的最爱——珍妃，就是告诉光绪帝：你可小心点，当心我揍你。

珍妃

"要解心头恨，拔剑斩仇人。"说起慈禧打珍妃，真是一点情面也不给光绪帝留：她让皇后打珍妃的脸，皇后最痛恨珍妃。俗话说"打人不打脸，骂人不揭短"，慈禧不但打珍妃的脸，还是令大醋坛子皇后亲自下手打；就这样慈禧还是不解气，于是让人用木杖打，而且是褫衣廷杖。什么意思？就是脱掉珍妃的衣服，当众暴打。打得有多严重，当时御医记载：六脉沉浮不见……抽搐气闭，牙关紧急，周身筋脉颤动；十一月初一子刻，抽搐又作，牙关紧闭，人事不省，周身筋脉颤动；亥刻，抽搐见止，仍觉筋惕肉颤……周身筋脉疼痛。可见当时就打得抽搐半死，人事不知。当着众多男女奴才的面，珍妃被脱衣痛打，伤害性极大，侮辱性最强。既然下这样狠的毒手，总得有个理由吧。当然，珍妃做事的污点还是有的，被皇后抓到后报告给慈禧：不守宫规，违规使用八抬大轿、玩耍照相机、开设照相馆、穿戴服饰逾制、受贿卖官等。光绪帝见珍妃被打也只能吃了哑巴亏，因为珍妃的所作所为他都最清楚，珍妃的这些行为，有些事情就是他按照珍妃的意思办理的。后来，慈禧见殴打珍妃的效果对光绪帝影响不大，便准备实施冷暴力更阴损的一招：囚禁，让两人近在咫尺，却终生不能相见。

当时清朝国力衰弱，受外国侵略，国内也民不聊生，为了改变政治现状，光绪帝于光绪二十四年（1898）四月二十三日实行维新变法，发布《明定国是》诏书，起用了很多维新党人，发展新式运动，罢免守旧官员，甚至传闻要拘禁慈禧。慈禧接到密报听说这些，怒从胆边生，暴跳如雷，破口大骂光绪帝：忘恩负义、白眼狼、小狼羔子，忘了祖宗家法，丧心病狂，不肖子孙，令人发指，是可忍孰不可忍。于是，慈禧立刻召见光绪帝，并将之囚禁在中南海瀛台。为了方

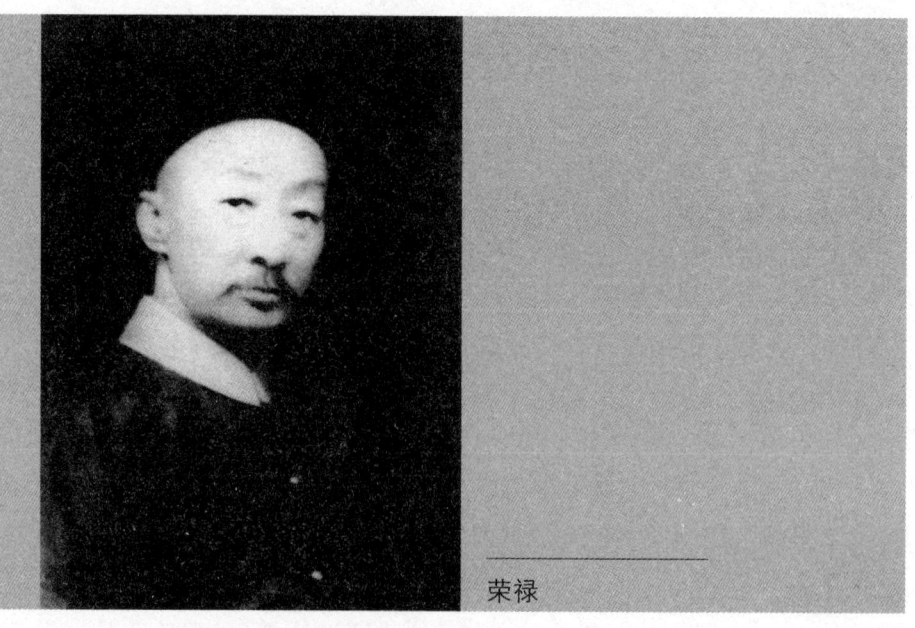

荣禄

便控制光绪帝,慈禧像随身携带物品那样关押光绪帝,慈禧在中南海仪鸾殿居住时,光绪帝被囚禁在瀛台;慈禧在颐和园居住时,光绪帝就被囚禁在颐和园玉澜堂。为了防止光绪帝逃跑,慈禧令人在玉兰堂内砌了一道墙。而慈禧则借此再次执政,下令将抓到的6个维新党人砍头,史称这六人为"戊戌六君子"。光绪帝的变法就这样被绞杀了,前后仅一百零三天,史称"戊戌变法"。尽管光绪帝被囚禁了,但慈禧看光绪帝是扶不上墙的泥巴,就想废掉。慈禧召见自己的心腹——荣禄,与之商量。

荣禄问:"听闻要有废立的事情,有这回事吗?"

慈禧答:"没有的事!如果有这样的事情,可以吗?"

荣禄说:"太后想办的事情,谁敢说个不呢?但皇上的罪名不大,外国公使会干涉的,此事不可不考虑。"

慈禧又说:"事情已经泄露,怎么办呢?"

荣禄则说:"没事。皇上的岁数已经不小了,但没有儿子。不如在皇室中选择一个男孩,过继皇上为继子,称为'大阿哥',兼同治帝继子,让其生活在皇宫中,慢慢寻找机会立为皇帝,这样就有很好的借口了。"

慈禧听后,思考了很长时间,回答说:"你这个办法很好。"

光绪二十五年(1899)十二月二十四日,慈禧以光绪帝的名义立十五岁的溥儁为大阿哥,也为同治帝继子,并准备在第二年让光绪帝让位,以此架空光绪帝。慈禧的这点小计策,根本无法瞒得过天下人的眼睛,因此不仅国内反对声一片,就是外国公使也大多数都反对。这很令慈禧不愉快,更让慈禧打脸的是,这个大阿哥还是个不争气的

慈禧皇陵：大清陵墓解密

大阿哥溥儁

蠢货，徒有外表，不学无术，还是个贪淫好色之徒，不仅宫外彩旗飘飘，宫内更是玩弄宫女，还将自己的内衣送给宫女穿。为了掩人耳目，慈禧只能责打宫女，骂宫女是不要脸的狐狸精，一顿毒打后赶出皇宫。由于大阿哥不受处罚，与宫女发生关系的事情就屡禁不止，甚至有些宫女都怀孕了。后来，慈禧躲避八国联军外逃回京路上，才找借口削去大阿哥的名号，将其赶了出去。

再说慈禧将光绪帝囚禁后，并没有忘记惩罚珍妃，于是就将珍妃关了禁闭，民间称"冷宫"，即景祺阁内的一间北房。每逢节日、忌日、朔望日，都有老太监对其斥责，平时就一个人被关着，吃饭有人送，不过都是下人的饭菜。慈禧就用这种方式对珍妃进行不间断的精神折磨。以前常听说，"女人对付女人的办法更霸道"。这话一点不假，慈禧见暴打、禁闭等方法根本无法制服珍妃，就想到了要直接弄死她，采用一种既有羞辱性又体面的死法：扔井里。

第二章 慈禧历史密码

珍妃井近景

光绪二十六年（1900）七月二十日下午，由于慈禧准备外逃躲避八国联军，就对珍妃下了最后毒手。这天午睡后，慈禧忽然令人带来珍妃，对她说："鬼子要来了，你太年轻，留在这里很不安全，你要是明白我的意思，自己想个办法。"珍妃一听，慈禧这是要自己死啊，于是跪求慈禧放过自己。但此时慈禧杀心已起，岂肯放过珍妃？看见珍妃不想自杀，就对身边的太监崔玉贵说："你还不下手？赶快抱着她扔井里去！"崔玉贵迫于无奈，只好照办。可珍妃不愿就范，虽挣扎，但架不住身高力猛的太监使用暴力，被头朝下扔进井里。作为一代名妃，珍妃就这样惨死了。

慈禧从西安逃回北京之后，除了一些礼仪性活动，仍将光绪帝囚禁起来，而慈禧仍旧过着极尽奢华的生活。光绪三十四年（1908）十月二十一日，光绪帝一个人孤苦地死在了瀛台涵元殿，享年38岁。巧合的是，第二天下午，慈禧死在了中南海仪鸾殿，终年74岁。由于两人生前的特殊关系，而且是年轻的光绪帝死在了慈禧前面，并且时间仅相隔一天。因此，人们都怀疑光绪帝是被害死的。光绪帝死前虽然身体不好，但外国医生表示，病情并不是很严重。而国内医生则表示，光绪帝死前大喊肚子痛，不停地翻滚。脸色发暗，舌头又黄又黑，明显是中毒症状。清朝官方则称光绪帝因病过世。2008年11月2日，国家清史编撰委员会正式宣布：光绪帝死于砷中毒。砷在自然界中，大多数以三氧化二砷形式存在，三氧化二砷即民间俗称的砒霜。也就是说，光绪帝死于砒霜中毒。

人们不禁要问：谁害死了光绪帝呢？

回答：谁最恨光绪帝，谁就有最大的嫌疑，也就是凶手。答案：慈禧。

回答：谁最怕光绪帝复辟报复自己，谁就有最大的嫌疑。答案：慈禧。

也正因此。慈禧无论在哪里居住办公，都带着光绪帝，就是怕一不留神，光绪帝私下跑了成了气候，反过来危害自己。为了权力，慈禧连自己的亲儿子都能逼死，自己的亲密战友加同事慈安——曾经的帮手和伙伴，慈禧都能狠心除掉，何况光绪帝是一个外人。光绪虽是自己妹妹的儿子，但他却狠心想除掉自己，这是慈禧万万不能容忍的。因此，慈禧必须毒死光绪帝以绝后患，对于她的性格来说，这是很自然的，也只能这样做，没有别的选择。什么亲儿子？光绪帝，你死定了，老娘也不再是你的"亲爸爸"。慈禧就是这么想的，也是这么做的。慈禧作为一代女性当权者，狠毒劲儿丝毫不逊色武则天，只是她没有公开当皇帝罢了。

慈禧的狠、毒、辣，表现在逼死同治帝——心狠，毒死慈安——心毒，害死光绪帝——心辣。在大清国，谁招惹了慈禧，都难逃一死。

丧事：最后一次风光

光绪三十四年（1908）十月二十二日未时，统治中国长达48年之久的慈禧死于中南海仪鸾殿，终年74岁。

慈禧的死因本来没有什么疑点，甚至人们认为她早就应该死去。与光绪帝明争暗斗这些年，人们早就受够了慈禧的专权和跋扈，认为她就是阻碍大清帝国发展强大的阻力，她就是老顽固派，没有她的大清国也许会更好。其实，慈禧早就患病，在年轻的时候，慈禧就有月经不调之症，以后又陆续患过咳喘、痔疮、面风、腹泻、肠胃不和等病症。在70岁以后，慈禧的身体开始出现日益衰弱的迹象。光绪三十四年（1908）六月以后，慈禧感到身体不适。九月，增加了腹泻病，且久治不愈。十月初十日，慈禧在庆祝完自己的74岁大寿后，因为劳累，身体更加虚弱。《内起居注》记载，自十月十六至十九日，

第二章 慈禧历史密码

慈禧没有政务活动。这说明慈禧的病情加重了。由此可见，慈禧已经到了人老灯灭的时候了。二十二日下午，她的遗体被掌仪司首领太监用鹅黄吉祥轿从仪鸾殿抬到皇极殿。第二天上午八点多，在隆裕和瑾妃的敬视下，慈禧的遗体大殓入棺，停灵在皇极殿。

宣统元年（1909）正月二十二日，上谥号"孝钦慈禧端佑康颐昭豫庄诚寿恭钦献崇熙配天兴圣显皇后"，简称"孝钦显皇后"。

慈禧死的时候，当时中国正处于现代科学文明萌芽的年代，因此，慈禧死后还能享受一次在人世间的最后奢华丧礼，前后花费白银120万两，最后风光体面地葬入她的菩陀峪定东陵。在隆重的丧礼活动中，还有一种非常重要的程序那就是送陪葬品：烧冥器。这些陪葬品包括纸糊的神楼宝库、亭台殿阁、御前侍卫、歌伎侍女、满汉全席等纸活冥器，人间的物品应有尽有。其中规模最大、花费最多的一次，莫过于在东华门外为超度慈禧亡灵焚烧的法船了。

宣统元年（1909）中元节，为了让逝去的慈禧安然上路，皇宫内务府在北京东华门外为祭奠慈禧烧了大法船。大法船寓意"苦海无边，佛法普度"，是渡过苦海、到达极乐世界彼岸的工具。也有传说，烧法船是为了驱鬼。慈禧非常怕鬼，尤其是晚年居住在颐和园的时候，更害怕那些无名无形的孤魂野鬼。所以每到中元节，慈禧都会变得非常和善和体贴，并请大量喇嘛、僧人来宫中做法事，求得宫中安宁。

给慈禧烧的大法船是在东华门外扎制的，选择在这里有两个主要原因。一是东华门是紫禁城的鬼门，慈禧的灵柩将从东华门而出，送葬清东陵。二是方便燃烧。东华门外有水，大法船制作完成，可以载

慈禧皇陵：大清陵墓解密

1909年中元节，北京东华门外为慈禧祭奠烧的大法船

着扎制给慈禧的冥界用品，沿着东华门外的水路，直接"起航"直奔天界。民间也有烧纸船的习俗，寓意相同，但极其简单，用秫秸秆扎架，糙纸用面糊裱。

给慈禧烧的这艘大法船通长22丈，面宽2丈2尺，造价白银20万两。法船用檀香木龙骨做框架，再用各色的绫罗绸缎进行糊制，船上楼、殿、亭、榭和各种陈设俱全。其中大殿中间竖起10丈高桅，悬黄绸巨帆，上书"普渡中元"四个大字。为了防止突起的飓风吹桅倒船，还用三根手臂粗的绳索牢牢固定住这条非常重要的桅杆。殿内还糊制了大慈大悲的观音菩萨像，在船后就是地藏王菩萨的方殿。在法船的船舷两侧，还设置了篙工、侍从多达数十人，它们皆真人大小，身穿丝绸衣服，船上不仅载有慈禧衣食住用的所有东西，在船上的亭

第二章　慈禧历史密码

子里，还堆放着 100 多个大纸箱，箱子中还放着用金箔叠制的金砖。船的四周还装饰着无数的红莲，夜晚的时候，红莲中放入蜡烛，一经点燃，大法船真的好像夜行莲海，不仅堂皇，而且壮观。

中元节的深夜，内务府领人来到了大法船的焚化现场，京城中的几万名百姓，为了争看焚烧大法船的奇景，不顾冬日的寒冷，早就等在了东华门外看热闹。内务府总管来到现场，首先命人升起了上书"晋渡中元"的黄绸巨帆，静等着午夜亥子交替的时刻……令人想不到的是，东华门外竟起风了。

内务府总管一抬手，叫过了钦天监的人，问他这风是不是可以很快就停，钦天监的人抬头看着月亮旁的风圈，告诉内务府总管，这风只能越刮越大，想要停，只能等到明天一早。内务府总管瞧着紧绷的桅绳，还有几乎被撕裂的黄绸巨帆，他一挥手急吼吼地喊道："时辰已到，点火送船！"

按照常理，在点火之前，首先要斩断桅绳，这艘大法船才能借火"起航"，让慈禧的亡灵乘船渡过苦海，尽快到达极乐世界。可是如果先行斩断桅绳，这艘大法船必然会被大风刮倒倾覆，闹不好就会发生危险，那样内务府就犯了办事不力，也就是渎职的重罪了。内务府的官员面对现在遇到的难题，他们只能假装是瞎子，假装不明白这里面的利害关系，谁也没有敢多说一句，就将带桅绳的法船一把火烧光了。这是明显的错误做法，因为这样做法的意义是法船"滞留人间"原地不动，并没有载着慈禧的亡灵而去……也许，冥冥之中暗示着慈禧陵日后即将发生的问题。

在丧礼活动中，还有很多其他陪葬品被烧掉，其中许多东西做工

109

精巧逼真，惟妙惟肖，像钟表、梳妆台、烟杆之类，这些都是慈禧在世时的心爱之物。并且还包括一大群纸糊的宫廷里假人，意味着在冥间依然伺候她。别有意味的是，慈禧在大多数人眼里极为保守，在这些纸糊冥财中，竟然有一支新军士兵组成的新军赫然在列，殊不知当孔子和孟子如果在冥河的那边，看到这些纸糊的穿现代欧洲军装的士兵们会有什么感想。这些纸糊的新军士兵会晚一些被烧掉，在举行葬礼的前两天在紫禁城至宫门之间的某个地方被焚烧，也许是慈禧希望这些冥间的新军士兵为她的棺椁开道，直至进入清陵自己的地宫都一路平安。因此，有人说，这些士兵是被派到冥府去打前站的。此外，作为慈禧随葬品被烧掉的并非祖宗传下来的中式轿子，而是一辆优雅的欧式布鲁厄姆车。

公元1909年11月9日，慈禧出殡，这是一个充满阴霾的冬日，盖着金黄色柩布的慈禧棺椁缓慢而庄严地被抬出紫禁城，这位令人恐惧又受其追随者崇拜的女人，享受过皇权的极限，在自己半个多世纪的极度奢华的生活中孤独地品尝着皇权的酸甜苦辣。

为了能够看到慈禧出葬的宏大仪式，数以万计的民众在凌晨六点，冒着刺骨的寒风赶到慈禧出葬所经过的道路两旁。北京城内的老百姓、城郊的住民，还有外国侨民以及各国记者蜂拥在慈禧灵柩必经的街道两旁。在东直门外一个小土丘上，清朝政府为各国外务部官员以及相关在京的外国人搭建了一座带顶棚的看台。在东直门内附近，还有一座单独的亭子，是为各国外交官、尊贵的商业权贵以及报界记者所搭建的。

北京城内的居民消息最为灵通，凌晨时分，他们源源不断地涌向

第二章 慈禧历史密码

慈禧出殡场景（一）

东直门。摄政王载沣和一些大臣等待在东直门，他们将慈禧灵柩送行到东直门附近的一座亭子处，出于安全考虑他们只能送到这里。

为了这次葬礼能够顺利进行，清政府费尽心思，他们甚至在几个月以前，就把去清东陵的道路修缮一新，在修路过程中动用了当时最先进的蒸汽轧路机，也可以说慈禧在死后得到了洋务运动的好处。修路过程中，亲王和高官们表达自己对慈禧和大清王朝的忠诚，曾多次到这里来巡视道路的情况。所有军政大臣所做的一切，是为了慈禧那金色华盖下的金黄色灵柩能够庄严顺利地通过这条道路，葬入清东陵。

在东直门右边的一条小街上已经聚集了大量的百姓。维护街道治安的是武警和步兵，这些清朝新军精神饱满，做事有条不紊，一看就

慈禧皇陵：大清陵墓解密

慈禧出殡场景（二）

是战斗力很强的军队，他们是负责皇宫安全的。马车、骡车以及骑在马上的人和黄包车正从西面和北面源源不断地汇聚到这里。在东直门附近，拥挤的人群让初来乍到的西方人感到极度恐慌，不过对于已经在这里生活很多年的西方使馆人员、商人或者记者来说，不会再感到那样可怕，这种情况要是在欧洲的话，很可能很快会发展成为一场失控的暴乱，但是，这种情况在清朝的京城不可能发生。一些胆子较大的西方记者甚至走到那些车夫和骑马的人中间，表情平静地抽着雪茄，任叫喊声、马嘶驴叫声在耳旁肆意，他们知道这里不会发生暴乱。

在东直门的门楼，四方形的瓮城里站满了清兵，这些士兵可以通

第二章　慈禧历史密码

过箭楼看到城门外的一片开阔地。凌厉的寒风在尽情地吹着,成千上万的骡车运载着从城外赶来的人们,他们翻山越岭朝这儿赶来,就是为了一睹慈禧盛大的出葬队伍。再往前看去可以看到送葬队伍的看台处。在外务部的门口,有一些神情严肃、会说英语的清朝官员,他们正在接待外宾和收取入场券。只有拿着公使馆发放入场券的外国人,才被允许进去观看。在亭子看台前面的道路上挤满了人,对于平时很少能够见到洋人的老百姓,他们瞪着惊奇的眼睛,像参观外星人一样看着这些从西方世界过来的人,甚至不少人忘了现在正在出葬的慈禧。

东直门看台附近已经太拥挤了,送葬的队伍根本无法从这里通过,整条路已经完全被堵死了。尽管如此,人群还是不断地朝这里涌入,

慈禧出殡场景(三)

113

慈禧皇陵：大清陵墓解密

慈禧出殡场景（四）

早已人山人海。令洋人不解的是，他们依然看到有源源不断的人流挤进这里，在洋人看来有许多人的脚应该没有站在地面上。

　　七点半的时候，如果还有外国宾客没有到场的话，那时一切道路都要被封闭了。七点十五分，一支送葬队伍浩浩荡荡地陆续离开紫禁城，一直到了十点三十分，才能从亭子里的看台上望见送葬的队伍。为了给送葬的人清理出一条道路，只见那些穿着现代军服的骑警，骑着蒙古矮种马冲了过来。这支军队就像是有魔法一般，道路上成千上万的围观民众瞬间全都被赶上了小土丘，并且没有发生任何搏斗甚至是争吵。看台上那些西方人的眼里骑着灵巧的小矮马的军警们如同在这条路上潇洒地遛了遛马，道路就被清空了，那些百姓统统到小土丘顶上去了。

第二章　慈禧历史密码

　　走在送葬队伍前面的是一队穿着现代军装的手握长矛的轻骑兵，装束齐整，举止得体。接下来是由仆役们用手牵着的一列纵队的小矮马。紧跟在后面的是一群大约有几百人组成的身穿红色绸缎衣服、帽子上插着黄色羽毛的仆役队伍，他们轮换着抬灵柩。紧接着又是另一队手握长矛的轻骑兵，长矛上飘扬着红色长条旗，后面跟着马枪骑兵。这支队伍属于皇家禁卫军，身穿有镶红边的灰色军服。后面又有一排排穿着红衣服的仆役，举着绿、红、紫、黄等各种颜色的旌旗和低垂的绸缎条幅。那些举着鲜艳旌旗的仆役行列看不到尽头，没完没了。接下来，三匹排成一列纵队的白色小矮马，分别拖着三个装置在四轮轻便马车上的轿子。这些是慈禧生前最喜欢的轿子，白马则是她的宠物。后面跟随的其他白马身上都披着黄色绸缎饰物。这支由小矮马组成的队列行进得格外缓慢，令人生起一种悲怆。接下来出场的，是来自戈壁滩的高大骆驼，满身绒毛，体格壮硕，在这里就像是远古时期的怪物。它们排成两列纵队，行走在道路的两旁。这些高大骆驼背负着用黄绸包裹的搭帐篷必需品，因为送葬队伍从这里到达清东陵需要整整五天的时间。

　　忽然，送葬行列中出现了一个空隙，接着又有一群穿着红色衣服的仆役从这条道路上通过，不过他们显得有些散乱。在一些穿黑衣服的官员走过去之后，又出现了一个空隙，之后又出现了一群显得零乱的仆役队伍。突然，人们眼前一亮，出现了由轿夫抬着的两顶用金黄色绸缎装饰的轿子，并且里面还有一些相当欧化的现代葬礼花圈，然后又是一个空隙。刚才被经过的马匹和骆驼粪便弄脏了的路面，很快又由仆役们打扫干净。这个行动表明，前面的只是一种开路的仪仗

慈禧出殡之灵驾

队,因为后面的队伍一时还看不到尽头。没过多久,在远处土丘之间的下坡路上很快出现了一队越来越清晰的猎猎红旗。向看台这边走来的一排排的骑兵,在红色的映衬下显得格外精神,看台上的人们则从庄严肃穆的压抑气氛中透过一口气来。数以百计的黄色轿子自上而下地过来,在这些轿子的后面一团耀眼的金黄色火焰在闪耀着,火球很大,在离地面很高的地方燃烧着。

慈禧灵柩十分缓慢而且平稳地向前挪动着,方形的灵柩上顶着一个很大的金球,金球被一块边幅很宽的织锦罩起来了。灵柩被108名轿夫用长长的竹杠抬着,高高地耸立在这些人的头顶上,以威严而庄重的步伐向前移动着。看上去它前进的行程是如此困难和复杂,恰似这黄澄澄的灵柩是一个沉重的纯金块,其柩衣也好像是用金属而非织锦制成。在阳光下,它像是一道金色的瀑布。被108名轿夫所抬的慈

第二章 慈禧历史密码

禧灵柩，里面装满了难以计数的奇异珍宝。当慈禧巨大的灵柩缓慢而庄重地经过专为外国使馆人员设立的观礼台时，外国公使馆警卫们在灵柩经过时都立正敬礼，外交人员也用西方的礼节，对巨大灵柩里的慈禧尊敬地脱帽致敬，在他们的眼里，慈禧和清朝的老百姓是完全不同的存在，在西方价值观里他们甚至认为，慈禧是一个敢于按自己的意愿生活的高贵女人，一个会绘画的高雅艺术家，所以这些洋人以鞠躬敬礼表达他们对这个当时世界上最有权势的女人的敬意。

在九点钟的时候，云层散去，在太阳的照耀下，巨大灵柩上的黄色绸缎就像是天上的一道燃烧着的火焰。

接着又走过来一大群身穿飘逸的长袍和帽子上插着黄色羽毛的仆役。在他们的后面，是一批身穿紫红色长袍，上面镶嵌着象征长命百岁的用金线刺着"寿"字的人，他们手中握着黄旗。紧接着又来了一队为数众多的轿子，其间夹杂着小矮马、旌旗和丧旗的队伍，在这个队列后面跟着一大批来自西藏和蒙古的身穿深黄色袈裟的喇

送丧和护卫人员

慈禧皇陵：大清陵墓解密

慈禧陵前景

嘛与和尚。

走在队伍最后面的是一大批身上只穿着黑色丧服的清朝高级官员，所有官员的官帽上都摘掉了表示他们官衔的红珊瑚和蓝宝石饰物以及孔雀羽毛。他们都是大清朝廷大员，其中包括了亲王、御史和大臣。官员们都面带哀悼的神情，身边未带随从，他们衣着质朴地从东直门的这条街道上经过。

现场如死一般寂静，那些站在土丘上的成千上万的人也都肃穆无语。他们默默注视着灵柩庄严地向前挪动。有一位喇嘛用小木鼓敲击出的声音，正好与轿夫们抬灵柩的步伐节奏一致，木球击打羊皮的声音，在令人抑郁的寂静中显得那样冰冷和阴沉。慈禧的出葬，是那么庄严、肃穆和盛大，这在历史上也是唯一的一次。

公元 1909 年 11 月 15 日，经过数天行程后，慈禧的巨大灵柩被葬入了清东陵的菩陀峪定东陵地宫。

第三章 慈禧陵被盗始末

孙殿英为了筹措军饷，盗掘了慈禧陵。事后，国民政府当局抓的人有军官和士兵，彼此的口供却不一样。为了平息清皇室后人和百姓的愤怒，国民政府组建了军事法庭审理此案，然而审判的结果在战争的炮火中销声匿迹，没有了下文。在这之前，为了告慰死者亡灵，溥仪派人重新修理了被盗的陵寝，包括慈禧陵。

慈禧陵被盗：师长与逃兵

"轰、轰"两声爆炸的巨响，出现在夜间的清东陵上空，熟睡的人们被惊醒，不解地问："怎么半夜在陵上放炸弹，军演呢吗？"

原来，国民革命军第十二军声称要在东陵搞军事演习，发布告告诫附近的百姓不要靠近，以免误伤。这就是发生在1928年7月7日至7月14日的东陵大盗案，慈禧陵和裕陵被盗，盗陵匪首是国民革命军第十二军军长孙殿英，此人是赌徒、土匪出身，后来搞投机倒把投靠军队，逐步傍上了国民革命军，混上了军长职务，驻防在天津蓟县。因缺乏军饷，孙殿英了解到附近有人靠倒卖清东陵的文物发了财，因此他想到了解决军饷的方法。他知道清东陵里埋藏了很多珍宝，于是打起了歪主意：俗话说，'要想富，盗古墓'，清东陵埋葬这么多皇帝、皇后、妃子，陪葬的珍宝少不了啊！"

第三章 慈禧陵被盗始末

俗话说："不怕贼偷，就怕贼惦记。"为了解决军饷，拿到清东陵埋葬的珍宝，孙殿英特地做了功课，他获知马兰峪一带有一些土匪也打算盗皇陵，土匪头子叫马福田，还是惯匪。他就利用附近乡民请求剿灭土匪的要求，命令手下的两个团，在当地民团的配合下，将驻扎在马兰峪塔山的马福田一众匪徒击溃，抓住的土匪

孙殿英

有保释的释放，没有保释的就枪毙。还意外缴获了一些东陵珍宝和武器弹药。此战大获民心，更增强了孙殿英盗陵的决心。为了盗陵做准备，孙殿英令师长谭温江以追捕马福田残匪为名，在马兰峪进行了一通打、砸、抢、烧，马兰峪镇的一些店铺倒了霉，不仅被抢，还被烧毁。当地商绅、百姓忍无可忍，联合起来抗议。见此情景，孙殿英的浑水摸鱼盗陵计划达到了目的，就将军队开到东陵境内，对外声称搞军事演习：试放新式地雷，并通知民众勿要靠近；并通知遵化县征调30辆大车，以备军用。

孙殿英虽是粗人，但也知道清东陵最富有的陵寝是慈禧陵和乾隆帝裕陵，他令这些匪兵冲进陵寝：抢。这些匪兵在陵内到处乱窜，

1928年，国民政府调查慈禧陵方城明楼被盗的情况

打、砸、抢外，还到处挖坑刨地，试图找到慈禧陵地宫入口，但都没有任何效果。后来，他们在陵区抓住了两个守陵人，逼问地宫入口。守陵人向他们推荐了一个以前的守陵官员，声称："此等大事，小民不知，但此人必定知道！"被推荐的守陵官员是定大村的苏必脱林，此人曾是李连英的亲信。

原来，东陵在每年清明、中元、冬至、岁暮、忌辰日都会举行隆重的大祭祀，每月朔、望举行小祭祀。不仅供奉名目繁多的祭品，还有皇帝及重要官员参加。苏必脱林是咸丰帝定陵郎中，有一次赶上慈禧祭奠咸丰帝。但在这次祭祀中，苏必脱林因工作失误差点掉了脑袋。当时慈禧在石五供北面向明楼行三跪九叩礼，礼毕后，退在东旁

第三章　慈禧陵被盗始末

定陵石五供

站立。内务府官员安设祭奠桌案，准备酒和爵盏，随后退下。慈禧来到石五供前祭酒三爵，每祭一次叩一次头，礼毕仍站在东旁，西向举哀。然而，就在慈禧祭酒时出了差错。站在慈禧右边执壶斟酒的女官，是苏必脱林的女儿，在最后一次斟酒时突然发呆竟然忘了斟酒，就在这千钧一发之际，左边的女官手疾眼快，用手中的壶给慈禧的杯中斟满了酒，而慈禧正全神贯注行礼，并未注意到这一瞬间的细节。但这一闪而过的差错，被站在一旁的总管李连英发现，当行礼毕走出隆恩门时，李连英故意落后，在苏必脱林前故意猛劲甩了一下袖子，神色严肃地说："该杀的狗东西，瞒得过老佛爷，能瞒得过我吗？"说完就头也不回地走了。苏必脱林吓得面无血色，立刻考虑如何摆脱

慈禧皇陵：大清陵墓解密

爵

杀头厄运。后来经过贿赂李连英，他不但没有获罪，反倒升官了，与李连英成为亲密关系。在慈禧葬入地宫时候，苏必脱林还有幸参加了葬礼，目睹了慈禧葬入地宫的过程。所以，苏必脱林是地宫入口的知情人。

谭温江的手下抓到苏必脱林如获至宝，但这个老守陵人守口如瓶，坚守满族人不伤害祖宗的原则，不愿出卖自己的灵魂，绝不透露慈禧陵地宫的入口。匪兵们软硬

慈禧陵方城隧道处地宫盗口入口处

第三章 慈禧陵被盗始末

兼施，以不告知便杀其全家为威胁，攻破苏必脱林的最后底线，他被迫带路到慈禧陵。这也就是有人发现军队中还有白胡子老头当向导的原因。

在慈禧陵方城隧道券的北头，匪兵们在向导的指引下，使用军用铁镐挖开了一个大坑，露出了挡券墙，并将墙上的一块条石抽了出来，盗口大约有3尺长，1尺多高。由于是抢劫价值连城的珍宝，故此孙殿英命令亲信看守盗口，然后让匪兵们纷纷爬了进去。很快见到第一道石门，使劲推也推不开，就刀劈斧砍一顿忙乎，将西扇石门下门边砍坏，无意间撞开了石门。这才发现，原来石门后面顶着一根石柱，石柱的正式称呼叫"自来石"，百姓俗称"顶门石"。由于发现了石门的秘密，第二道石门很快就被打开，他们冲进了地宫金券，这时候在手电筒的照耀下，匪兵们发现灯光中有一具巨大的棺椁，金光闪闪，夺人二目。与此同时，有匪兵将金券里的两个册宝箱砸开，发现只是一个木印和木片做的册子，觉得没有价值，就都扔在了地宫里。慈禧棺椁被打开，棺内珠光宝气多得数不胜数，令人诡异的是，死了将近20年的慈禧，竟然面目如生，像睡着了一样，胆小的人以为是诈尸，都吓坏了，忙用枪挡在身前。后来发现没事才开始抢夺珍宝，这些珍宝有翡翠西瓜、夜明珠、玉石枕头，各种宝石和珍珠。长官又特意关照，不必伤害慈禧尸体，只抢珍宝。后来又将棺椁移开，发现金井，洗劫一空。

孙殿英回忆说，珍宝多得数不胜数，最传奇的是慈禧口内的夜明珠，含在慈禧口里，慈禧如睡觉一样，后来见了风，慈禧的脸才发黑。

孙殿英抢劫完慈禧陵地宫后，带人撤离。他万万没想到的是，在

慈禧皇陵：大清陵墓解密

慈禧陵地宫头道石门西门扇下部被凿坏

第三章 慈禧陵被盗始末

慈禧陵地宫头道石门西门扇下部被凿坏（细节）

他走后不久，他手下的几个随从又悄悄地溜进了慈禧陵地宫，想趁机发笔横财，其中有一个随从叫张岐厚，捡到了46颗珍珠。后来此人开小差当了逃兵，想回家过日子，在山东青岛被抓。也正因为此人被抓，才招供出所盗清东陵的是国民革命军第十二军，军长是孙殿英。发生在民国期间最大的盗窃案——清东陵被盗案才被彻底曝光。这也是清东陵被军队盗掘的主要证据。

其实，在张岐厚被抓之前，孙殿英的师长谭温江因到北平销赃，被古董商举报，在浴池洗澡时被抓，当时他的卫兵还试图拒捕，后被制服。但是，谭温江一口咬定，他不是盗陵犯，来北平办事只是公务。孙殿英及时出面贿赂他的上司第六集团军总指挥徐源泉，保释谭温江，因此谭温江被抓后很快被放回第六集团军总部看押禁闭。

一时之间，东陵盗陵案处于僵持阶段。

不了了之的审判

然而，事情又有了进一步发展，天津海关扣押了准备出口法国的35箱古物，其中有在清东陵所盗的珍珠。

平津卫戍总司令阎锡山

由于盗陵案之事已被溥仪等皇室人员所知，各地媒体又报道在天津、北平、河北、山东等地陆续查获珠宝，抓获巴建功、杨振国及其妻杨赵氏等嫌疑犯数人。这时候，北平的平津卫戍总司令阎锡山见事情越来越大，再也无法坐视不理保持沉默了，因为涉案人员是军人，只能宣布成立军法会处理此事。

根据民国四年（1915）3月25日公布的《陆军审判条例》的规定：军法会设立审判长

第三章 慈禧陵被盗始末

一人、审判官四人、法官二人。因为是高等军法会，所审案件具有案情重大的特点，所以审判长必须具备上将身份，审判官需具备中将身份，法官则要具备少将身份。

朱绶光等起初内定河北省政府主席商震为审判长，杨杰、冷遹、汪泽民为审判官，电呈国民政府定夺。不久接到复电，令各集团军推选审判官。朱绶光等按复电重新布置，审判长仍为商震，审判官则有变更，改为阮肇昌、邱效举、吴丕柱。对于商震出任审判长，国民政府与各集团军都没有异议，但审判官的人选仍未定下来。各军事集团都想安插自己的人进去，他们心怀不轨，知道只要一当审判官，必有大量好处可拿。经过一番势力的角逐，最终审判官确定为邱山宁、赵经世、周学海、李竟容；法官定为周仲曾、张柱。

陆军高等军法会于1928年11月29日正式宣布成立。商震受任审判长后，立刻饬令遵化县缉拿盗陵正犯归案，但主犯孙殿英仍不在缉拿范围之内。谭温江被捕后，一度曾被保释在外，现在又迫于社会的压力，被重新收押了起来。

国民革命军第六军团总指挥徐源泉

孙殿英的上司第六集团军总指挥徐源泉见谭温江重新被看押了起来，心里发了慌，虽然他在此前声称："盗陵为一事，交替为一事，敝部前请转押谭温江系为交替便利，绝非庇护。如果谭温江有盗陵行为，当然移交法庭办理，假使调查明确谭温江盗墓有据，不待地方法办，余为整饬军纪计，亦难姑容。"可是，他此时不得不将孙殿英上交的所谓剿灭土匪所得赃物上交到军法会，以脱干系。

在人们看来，一切都已准备就绪，东陵盗案的审判工作应当很快就开始了。然而，盗陵案的会审并没有像人们想象的那样如期开庭，直到1929年4月20日，以商震为首的特别高等军法会审才开庭预审。

对于那些关心此事件进展的民间组织以及社会各界人士，尤其是清皇室和清朝遗老们面对最终秘而不宣的审判结果，甚令他们失望和愤怒，人们只通过报纸了解到了特别高等军法会向外界透露出了一些情节。

1929年6月5日，《新晨报》对此进行了报道："东陵案原定昨日（四日）举行最后预审，嗣因审判长事忙及审判官有离平未回者，实不能如期开审。商氏乃临时通知军法科长周仲曾改定星期六（八日）举行。然本案审讯大体已有结果，闻其中有七名应判处极刑者，尚闻有数罪犯闻风远扬者，现正通缉中。在押人犯看管甚严，以前犯人家属尚可问讯送物，但现在已不通融，各犯刑名约分三种：一盗窃，二掘坟，三破坏军纪。关于盗窃，因清室无失物清单，不知确实损失多少，罪较轻，掘坟罪按普通刑律办理，最重大为破坏军纪。全案军犯之判决颇为各界所重视云。"

商震还向外界透露了处理东陵案的三个步骤："第一步调查人证；第二步审问；第三步公判。在一、二步时期案未侦实，依法应守秘密，即使进行到相当程度，也应酌情披露。"

经过断断续续的审理，最后一次预审于6月8日在津卫戍司令部举行。下午3点45分，审判长商震坐到审判席上，邱山宁、赵经世、李竟容等人分坐在他两侧。

第三章　慈禧陵被盗始末

首先提嫌疑人巴建功上庭，讯问他当时盗掘清东陵陵墓的情形。巴建功都一一招认了。巴建功被带下去后，紧接着提张岐厚上了法庭，张岐厚供词与上一次一致。张岐厚也被带了下去。

最后提审谭温江，讯问他当日指挥部属盗掘东陵以及日后贩卖赃物等情形。谭温江仍想抵赖，说："我早年参加革命，有坚定的革命立场，怎么会干这样的事？一定是你们搞错了，赶快把我放了。"

河北省主席商震

商震问："你说你没有盗墓，有什么根据？"

谭温江摆出一副被冤的模样，回答说："我当时根本就不在遵化。人都不在遵化，又怎么能在那儿指挥盗墓呢？真是无稽之谈。"

高等军法会审判内容之一

商震又问："你说你不在现场，有谁可以作证呢？"

此时，谭温江还不知道张岐厚等人已被抓获，便说："孙军长可以作证。我手下的弟兄们也可以作证。"

审判官邱山宁见谭温江不肯承认，便说人证俱在，不容狡辩。于是命令将张岐厚、巴建功再次上法庭。谭温江一见张、巴二人，顿时说不出话来。

见到谭温江，张岐厚和巴建功二人便劝说道："事已至此，不如招了，还可得个宽大处理。"

谭温江一脸怒气，心想坏事了，这两个人怎么会在这里呢，谭温江还想狡辩。赵经世、李竟容见状，就反复开导他。谭温江终于不再狡辩，低头不语。

预审后，商震、赵经世等人在会客厅商讨此事，让周仲曾、张柱两法官另行起草审判书。起草后，先由赵经世审定。同时约定下星期二再次召开会议，讨论最后判决书，以便呈报军政部请示法办。

散会后，《晨报》记者采访了商震，商震回答记者说："今日仍属预审，其详情恕未便奉告。惟丰日所审者为巴建功、张岐厚人等，巴、张两人极为痛快，不失为自作自受之好汉。全案判决其罪情较重者当依法办理。其次将判决11年、9年、7年以至月徒刑者，均有之，惟希望法得其平，保障军法独立之精神，下星期二即开谈话会，将判决书审定后，即送军政部请示执行，军法会审之责，届时可告一结束。本案困难之亦在不少，好在人证齐全，不难执行也。"

商震的话不免透出几分军人气质，事情结果如何呢？

1929年6月14日，军法会请有关文物专家检查赃物。专家虽然对文物进行鉴定，证明许多是乾隆帝、慈禧的葬物，但他们既不愿意为这些赃物估价，也不愿意向外界透露自己的真实姓名。不难理解，这些人怕为自己引来杀身之祸。

1929年6月15日下午3时，高等军法会召开军法会议。整个会

第三章　慈禧陵被盗始末

议严禁外人入内。他们决定派人将全案卷宗送到京城。全卷共有18卷，包括：一、已供录存；二、存查之件；三、证物清卷；四、各处来文；五、原告诉状；六、移交案卷等。此外，尚有所获赃物及其他一切物件，均封锁缜密保存。此

审判东陵盗陵案的卷宗

次高等军法会上，商震等人声称所判的判决书完全根据军法办事，没有丝毫偏袒纵徇之处。然后，审判官们署名盖章，派人将审判书送往京城。其他物件也于当日盖印，赍送北平，静候军政部军法司宣判执行。

这场显得有些特别的盗陵案最终审判，暂告一段落，但审判的结果一直没有批复下来，清皇室和人们等来的却是随后爆发的中原大战，孙殿英再次被委以重任，并且在他的活动之下，作为盗陵主犯之一的谭温江再一次从监狱被释放，这一次他又显得很风光，监狱长客客气气把他送上前来接他的车，随后他成了孙殿英手下得力的干将。清东陵盗陵案在战火的硝烟中渐渐被人们淡忘了。

清皇室重殓慈禧遗体

1928年7月，孙殿英盗陵后不久，住在天津享福的溥仪就通过私人信件和新闻媒体两条途径，获知清东陵的祖坟被盗。溥仪除了摆设灵堂祭奠外，还做了两件事情，一是向国民政府提出严重抗议和交涉，二是组建东陵被盗善后小组，负责调查和处理帝后尸骨重殓事宜等。

东陵被盗善后小组主要成员包括辅国公载泽，原总管内务府大臣宝熙，原内阁学士耆龄，原侍郎陈毅、公恒煦、奕洞，贝子溥忻，将军溥侗、联堃、徐埴（字"榕生"）、志琳（字"淑壬"，宝熙第三子），其中载泽、贝子溥忻代祭，这是因为善后工作事关重大，于是增派皇室遗亲，以示郑重。另外还有仆人、官役、工匠、厨役、卫兵等，共70多人。这些人乘坐交通工具小汽车10辆、大汽车5辆，自

第三章 慈禧陵被盗始末

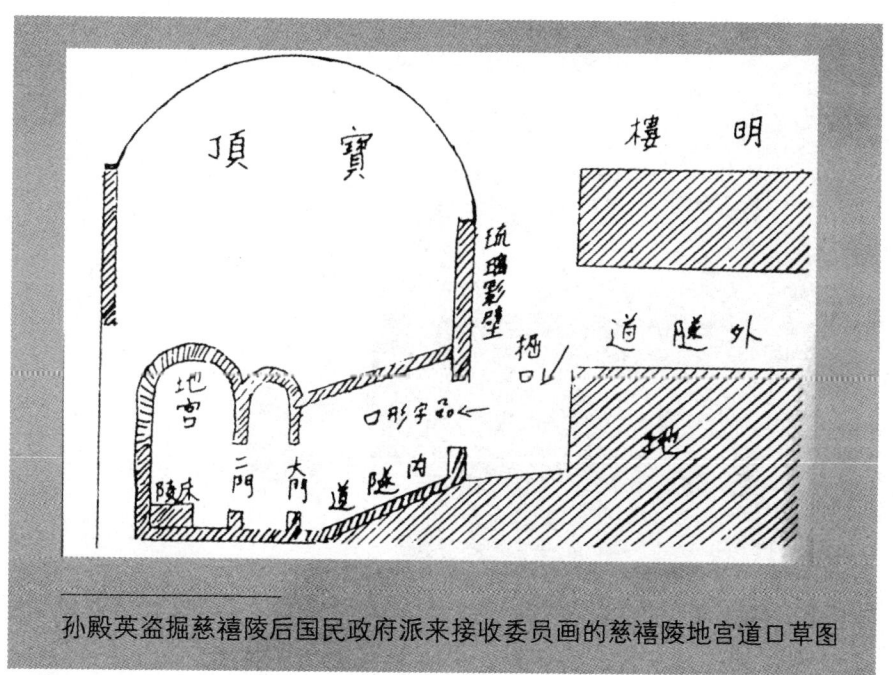

孙殿英盗掘慈禧陵后国民政府派来接收委员画的慈禧陵地宫道口草图

带行李。

1928年8月18日,小组成员从北平出发,经过一路颠簸,第二天下午到达东陵,住在裕大圈前员外郎和仲平家里。

当天,他们就查看了被盗后的东陵,并在陵区内拾到了一些被遗弃的遗骨和地宫陪葬物品。经过紧张筹备,他们终于敲定了清理慈禧陵地宫的具体方案。

1928年8月24日下午1点,载泽、恒煦、溥忻、溥侗、宝熙、耆龄等人来到慈禧陵,仆从携黄绸包裹两个,里面是一些黄缎被褥、殓服、藏香、冥纸等物,所有人都换上了夹棉衣服,点亮了手灯、洋蜡,他们走进了慈禧陵方城隧道券,顺着被盗开的洞口来到了地宫挡券墙前。在挡券墙的中部有一个长约3尺、高约1尺的洞口。众人像

慈禧陵地宫金券西北角上残破的外椁及残破的丝织物

蛇一样从这个小方口爬了进去。穿过地宫隧道券,经过两道石门,来到地宫金券。

金券内堆满了废弃的棉花、灯草及霉烂的被褥等物品,这些都是从慈禧棺椁

慈禧棺椁的外椁残骸

第三章 慈禧陵被盗始末

内抛出来的,地宫中散发着一股令人窒息的气味。

慈禧棺椁的外椁已被劈毁。内棺一头在棺床下,一头在棺床上。椁盖抛在了金券的西北角上,在这仰置的棺盖上,有一薄板,掀开一看,慈禧的遗体趴在那里,脸朝下,头朝北,脚朝南,左手搭在后背上,头发青黑,散而不乱,发根仍有红头绳扎着。慈禧上身赤裸,附体之衣被扒光,白皮贴骨,身上呈现出拳头大小的

1928年8月,清室派人善后"东陵盗案"中的慈禧定东陵,慈禧的遗体被扔在棺盖上

斑痕数点,似青似褐,遍体生有白毛,长近一寸。这是因为慈禧的遗体已被抛出棺外一个多月的时间,地宫内潮湿,天气又蒸热,故而遗体发霉,长出白毛。慈禧下身穿着裤子,色泽已辨不清,右脚上穿着白绫袜,左脚上的袜子已脱,抛在身体的左边。

前员外郎和仲平率领圈里的旗人妇女十余人参与慈禧遗体的重殓。旗人妇差用黄绸紧束慈禧尸身,再用黄缎被贴着椁盖边,掀动椁盖使尸身缓缓转过身来,这样,慈禧的遗体就被翻到了黄缎被上。只见慈禧面色灰白,两目无珠,深陷为两个坑,其颧骨隆高,就和生前一样。唇部有伤痕,应该是盗匪从口中抠取所含宝珠时所伤害的。慈禧的朱漆填金内棺完好,没有被破坏,妇差们将棺内外擦拭干净,在如意板(抬遗体的木板)上铺上黄缎褥,将慈禧遗体抬起,放进棺内,

慈禧皇陵：大清陵墓解密

然后又在慈禧的遗体上盖上了一层黄绸被，将棺内收拾得干干净净、整整齐齐的。他们把从地宫里捡到的慈禧生前脱落下来的牙齿和剪下来的指甲，用绸布包好，放在黄缎被上。载泽将慈禧死时所颁赏给他的两件慈禧遗念衣服献上，放置在黄缎被上。慈禧的红漆内棺，盖口原有榫，这次在众人的监视之下盖好棺盖，用漆封住棺口，并涂以金漆，力图与原棺上所画金卍字成为一体。

在清理地宫时，捡到14粒珍珠，用锤砸碎，将珍珠粉放于石床上。这是因为有人想以假珍珠置换出真珍珠，故将其当众粉碎，以杜绝这些人的非分之念。

这次清理出来一些其他物品，如慈禧入葬时所穿的珍珠鞋、陀罗经被、已损坏的檀香册宝经过晾晒，以备再次放进地宫。整个重殓清理地宫的过程不到4个小时。

参加这次慈禧遗体重殓的人，除了清皇室派来的"善后清理小组"成员，还有国民政府及文化会派来调查盗陵案的人，其中有刘人

清理慈禧陵地宫时发现的慈禧香册及册文（地宫出土）

第三章 慈禧陵被盗始末

慈禧地宫的香宝

瑞、哈鲁衡、谭肖岩、罗戬、王占元、杜孝穆、齐尚贤、徐鸿宝、常维钧、吴某等。

在重殓慈禧遗体后，将之前买回来的龙袍及香册10页、香宝一方，均用黄袱包好，安放在册宝石上，撤出工匠，掩蔽头层石门，第二层石门未关，因为石门门轴有损坏。又因石门已关闭，故将地宫中打扫出来的两粒珍珠奉命当着东陵守陵人的面锤碎，撒在隧道石门外，同时令工匠填塞隧道。

第四章 考古：钻进慈禧地宫

一位农民为了研究清陵，还与公安局产生了点瓜葛，但最终学有所用，来到清东陵成为研究员。慈禧做梦都没有想到的是，她的遗体三次进棺被科学保护，还因此发生过一次小的风波。这次清理内棺纠正了一些不实的传闻。

公安局：高手在民间

1977年10月中旬的一天，清东陵地区派出所所长曹山林在清东陵文物保管所（现清东陵文物管理处的前身）办公室闲谈，一眼看见正在旁边看书的徐广源，就对他说："你不是叫徐广源吗？"

"是呀，你怎么知道我呀？"

"我不但知道你，而且还知道你以前给清西陵去过信，要过清西陵的材料。"曹山林笑了，不紧不慢地说道。

"你怎么知道得这么详细？"徐广源感到很惊讶。

曹山林没有直接回答，更笑了："西陵给你回信了吧？要不是我，他们才不会给你回信呢！"

徐广源更感到莫名其妙了，于是曹山林就将事情的来龙去脉娓娓道来。他说："事情是这样的。西陵接到了你的信后，给东陵保管所

第四章 考古：钻进慈禧地宫

徐广源在金星山上考察

来了一封信，打听你是什么人，政治上是否可靠，他们怀疑你是来刺探文化情报的，乔青山所长（当时清东陵文物保管所所长）不认识你，正巧我在场，他问我认识你不，让我打听一下。我说不但认识而且还听别人说起过，这个人是个清陵迷、业余研究者，政治上没有问题。于是东陵就给西陵回了信。"

徐广源，满族人，清朝陵寝及清朝后妃研究学者，曾任清东陵研究室主任多年。曾任中国紫禁城协会会员、北京大学历史系明清史研究中心特邀研究员、中国国家自然科学基金资助项目"明清皇家陵寝综合研究"（批准号：50378059）专家组成员之一。他参加过乾隆帝裕陵地宫、容妃（香妃）地宫、纯惠皇贵妃地宫、慈禧陵地宫的开启和清理，亲手整理过慈禧遗体，亲手找到容妃头骨及发辫，出版《清东陵史话》《清西陵史话》《大清皇陵秘史》《大清后妃私家相册》《正说

慈禧皇陵：大清陵墓解密

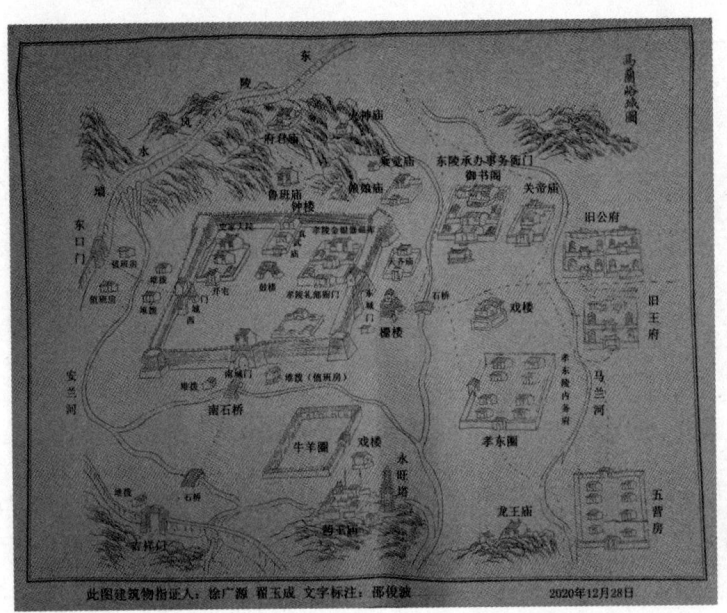

清朝时马兰峪图

清朝二十六后妃》《清宫佳丽三十人》《清朝皇陵地宫亲探记》《清朝陵寝制度》《大清皇陵旧影》等20余部专著，发表过学术论文60余篇，并在中国台湾、中国香港出版过图书。在央视、河北卫视、北京国家图书馆等多家单位讲过课。2000年1月，陪同"世界文化遗产"认定专家考察清东陵。2005年11月，受澳门理工学院邀请在澳门讲课。2010年9月，《环球人物》以"与慈禧'亲密接触'的最后一人"为题对其进行报道。

徐广源的家乡在北京东部著名古镇马兰峪，邻近清东陵，因道光年间在此建有兰阳书院此地又称"兰阳"。这一地理位置使得它一度十分繁荣，小城曾建有石砌的城墙，并有防御性的敌楼、角楼。城内外建有王府、守护大臣府邸、孝陵礼部衙门、金银器皿库、

第四章 考古：钻进慈禧地宫

孝东陵内务府圈、侍卫城、皇粮仓库、御书阁、东陵承办事务衙门等，多与皇家陵寝事务有关。小城内外，古迹甚多，仅庙宇就有"七十二庙"之说。清朝皇帝拜谒东陵，当然也要在城内驻跸。这一地理优势使得马兰峪自清朝起逐渐积淀，形成了独特的"陵寝文化"氛围，而这里的居民也大多是满族人，他们大部分是清朝守陵人的后代，徐广源的母亲就是其中之一，为满族镶黄旗。所以，徐广源也是守陵人的后代。

徐广源的父亲文化功底很深，喜爱文学、历史，对音韵、文字、书法也颇感兴趣，最爱读的书是《东周列国志》《三国演义》和《红楼梦》，与清东陵裕陵末任翼长、著名书法家阿和轩交情深厚，对中医学小有研究，喜欢看《本草纲目》，能背一百多首《汤头歌诀》，是当地小有名气的文化人。在父亲的熏陶之下，徐广源从小就对文物古迹和历史故事有着浓厚的兴趣，对他的童年产生了很好的启蒙作用。马兰峪的古城墙、三大戏楼和数十座古庙，都是他经常光顾的地方。农闲时节，父亲也常常带他到东陵游玩，给他讲宝华峪道光陵地宫出水、搬迁西陵的故事，讲清朝保姆园寝、同治帝惠陵惨案，还有那些帝王后妃们湮没在历史尘烟中的鲜活故事。

记得有一次路过仓房，那里的佐圣夫人园墓引起了徐广源的兴趣。据说墓主人是皇帝乳母，园寝坐北朝南，正对着一个很大的水坑，两统墓碑就在水坑边上，中间是人们为行路方便走出来的一条羊肠小路，视觉上看宝顶和墓碑被分开很远的距离。回到家后，父亲给徐广源讲了一个传奇的故事：原来，两只驮载石碑的赑屃离宝顶很近，后来夜里口渴爬到水坑边喝水，结果水喝干了，天亮了，它们却回不去了……每每至此,徐广源都听得津津有味,神秘的殿堂、静谧的墓园,还有当地的野趣传说,那座巍峨壮丽的皇陵在他幼小的心里烙下深深的印记,开启了他与清东陵几十年的痴缠相伴。

1966年,由于"文化大革命"爆发,徐广源被迫从遵化一中毕业回家,在村里的大队工作,当了一名通讯报道组组长兼现金出纳员。不久,又增加了民兵专职指导员、团支部书记、技术组组长等头衔。后来,大家发现他对医药也比较内行,还安排他担任大队合作医疗室会计兼司药。职衔虽然不少,但都是兼职不兼薪,每天只记10个工分。他的工作十分繁杂,白天在大队部处理日常事务,晚上也几乎天天熬到半夜。

当时农民的日子过得十分艰难,不仅填不饱肚子,而且一年到头几乎见不到钱。想要换回日常生活中的盐、火柴等必需品,都要到几十里外的深山去砍柴,再背到集市上去卖,每个男子都是"山背子"。徐广源全家五口人,妻子有病,全靠他一人维持生计,当然也就成了一名标准的"山背子"。有时,他背着百十斤重的柴火走在山间小道上,脑子里却不断地默念着这样的文字:"慧、惠、勤、平、密、成、宣、定、良、宜、荣、马、蓝、布、伊、新、袁、尹、文、常、勒……二、七、九、十一、五……"原来,这前21个文字是康熙帝景陵妃园寝内11位妃、10位贵人的封号,后5个数字则是乾隆帝裕陵妃园寝每排宝顶的个数。

尽管工作如此繁忙,但一有时间,他就到陵上收集陵寝的资料,做社会调查,找知情人了解陵寝知识。慈禧陵是当时清东陵中唯一开放的陵寝,他便不厌其烦地把所有说明文字全部抄录下来。他的同乡

第四章 考古：钻进慈禧地宫

杜清林（左）与徐广源（右）

杜清林在清东陵文物保管所（后更名为清东陵文物管理处）负责照相工作，通过这层关系，他又弄到了一本清东陵的介绍材料。那是一本绿色封皮的小册子，尽管文字内容少得可怜，却是徐广源接触到的有关清东陵的第一份"系统"材料。还亲自到各陵寝抄录碑文，以致被人误解是偷苹果的人。在他的多次哀求之下，看守之人被他的真诚打动，还替他抄写碑文。

有一次，徐广源无意中在同学家发现了一本末代皇帝溥仪写的《我的前半生》，书里面的史料颇为丰富，当时还是在"文化大革命"期间，此书属于禁书，市场上根本买不到，于是他每天晚上在油灯下硬是将43万字的这本书一字不落地抄了下来。

徐广源抄写的《我的前半生》

第四章 考古：钻进慈禧地宫

徐广源在研究清东陵的同时，也关注着位于河北省易县的清西陵，并给清西陵文物保管所写信，希望西陵文物保管所能提供一些有关西陵的资料。但等了很长一段时间，也没有回信，于是又写了一封信，直到 1975 年 4 月 5 日才收到了西陵的来信。他非常高兴，但打开信一看，心却凉了。信中说："你的两次来信均已收到，俱没有及时回信。对你的要求，我们反复考虑，现在答复有些实际问题，一是没有系统的材料，二是有一个清西陵简介，未经上级定稿，不能随意外传。为此，不能满足要求，向你抱歉。"这样的一封简短来信，对于渴望得到清西陵资料的徐广源来说，像一盆凉水浇灭心中的热火一样，但又无可奈何。到了 1979 年，徐广源首次到西陵考察，在招待所中与他住同屋的是西陵一位姓孟的会计。闲谈中，他才得知以前写给清西陵的那封信，回信者是这位会计。

1977 年 6 月，马兰峪公社党委书记宁玉福被调至清东陵保管所担任书记兼所长。他对徐广源十分了解，知道他对清陵的喜爱和研究，于是便将徐广源调入了清东陵文保所工作。这年 7 月 7 日，徐广源正式由一名清皇陵爱好者，转变成历史文物研究者，终于能够进入到自己热爱的领域从事研究了。

刚到清东陵工作不久的一天，宁所长将徐广源叫到办公室，将一份材料交给他："物归原主吧！"徐广源很是纳闷："乔青山的办公室里有我的东西？"宁所长解释说："这是天津大学一个老师抄给乔所长的。前几年我在公社时，是我提供给这个老师的，我又是从你那里得到的，现在把这份材料给你正合适，不叫物归原主叫什么！"经宁玉福这么一说，徐广源才想起来这码事：这是一份用毛笔抄写的《爱月轩笔记》中慈禧葬宝的记载。这份材料是徐广源从一本叫《盗陵案》的书中抄写下来的。那本书中主要讲的就是孙殿英盗陵的事,里面有许多很有价值的史料。因此他将书中的主要内容抄写了下来,没想到几年后的今天,自己真的研究起陵寝来。

在这之后的日子里,徐广源工作起来格外有劲,如鱼得水,终于找到了用武之地并真正发挥了自己的特长。在宁玉福所长的主持下,徐广源多次参与了清理第一座清朝皇陵——裕陵,为陵寝的开放和研究积累了宝贵的实践经验。

1978年4月,清东陵文物保管所趁着国家文物局局长王冶秋参观裕陵地宫的机会,再次向王冶秋提出了打算清理慈禧地宫的计划。王冶秋局长对此口头同意,并提醒按照规定上报。

1979年2月,国家文物局和河北省文物处领导在清东陵考察工作,批准了清理慈禧陵地宫。根据领导的意见,清东陵文物保管所组建了"慈禧地宫清理小组",成员为内部人员。

1979年2月17日,"慈禧陵地宫清理小组"作为国家考古人员,第一次正式走进了慈禧陵地宫。

考古人员来到方城隧道券北墙下,见墙根下的地面(也就是方城隧道券内的地面)铺的都是巨大的青白石条石,这几块条石是后来填堵盗口时铺的,故而不像地面的其他地方那样平整,条石之间的缝隙也比较大。但大家都是有备而来,带了得心应手的工具,如铁撬杆、尖镐、尖锹、大锤等。

大家一齐动手,很快就起走了几块铺石。按皇陵工程做法,地面铺石也好,地面铺墁砖块也好,下面都应该是石灰膏,用以粘接稳固

第四章 考古：钻进慈禧地宫

铺石、铺砖。可是当考古人员起走这几块条石后发现，下面没有石灰，都是乱七八糟的碎砖块和石灰块。这表明当年填堵地宫入口时并没有按正常的施工做法做，而是草草了事。但这种不认真的做法为这次开启宫省了许多麻烦。从这里往下挖，都是碎砖块、石灰块，所以很好挖，没费多大力气。刚挖下一米多的地方，在紧贴北墙下的地方发现了一根竖立的木桩，继续往下挖，在木桩北约30厘米的地方出

慈禧陵地宫金刚墙上的昔日盗口和支顶墙的木桩

现了一道石墙，完全用巨大的青白石条石砌成，缝隙严密，墙面非常平整。这道石墙档案中称"挡券墙"，人们习惯称之为"金刚墙"。很快，考古人员发现，石墙的中部有一个长方形口，一看就知道这是昔日的盗口，当年盗陵匪徒并没有拆掉这道墙，而是抽出了墙体上的一块较小的条石，打开了一个长方形的孔。这个孔只能容一个人出入。盗陵匪徒就是从这个小孔钻进地宫的，无数价值连城的随葬珍宝也是从这个小孔被盗走的。溥仪派到东陵重殓慈禧遗体的宗室遗臣也是从这个小孔爬进爬出的。考古人员也是从这个小孔进入地宫的。

有人会问，盗洞口旁那根木桩有什么作用呢？原来，这根木桩支顶着方城隧道券内北墙的底部。因为露出了金刚墙后，方城隧道券内的北墙下就被挖空了，等于这道墙悬了起来。为了防止这道墙下沉坍塌，才支顶了这根木桩。后来为了安全起见，拆除了这道墙。拆除后露出了另一道墙，墙上有地宫入口处的券脸石。至此才明白被拆除的墙是为了遮挡券脸石，相当于皇帝陵哑巴院内的琉璃影壁。

于是，考古人员从这个小方孔钻进了慈禧陵地宫。在地宫里，他们发现原来慈

关闭的慈禧陵地宫第二道石门

第四章 考古：钻进慈禧地宫

禧陵的地宫隧道券没有用砖砌实，而是空的，这就无形中为他们的清理和开放提供了方便。隧道券内的地面用澄浆砖立墁形坡形，沿着隧道券坡状地面向里走了大约 10 米就到了平地上。

地宫地面用青白石铺墁，迎面是一巨大的石门楼，两扇石门关着，门楼建筑形式和地面上的陵寝门相似。每扇石门上除了雕一个兽面衔环铺首外，全部是光素平面。

这次进入地宫，门虚掩着，几个人一推门，门就慢慢开了，迎面又是一道石门，距第一道石门只有两米多，这道门没有门楼，上门槛和四个门簪都是铜的，每个门簪上都刻着一幅精美的龙凤呈祥图案，在光线下仍然铜光闪闪。这一点即使是乾隆陵地宫也无法相比。门楼

慈禧陵地宫的第二道石门

慈禧皇陵：大清陵墓解密

慈禧陵地宫

上面的月光石上雕刻着两组"龙凤呈祥"的图案。

推开第二道石门进入金券，一具内棺端端正正地放在须弥座式的石棺床上，棺上的金漆藏文佛经熠熠生辉。这具内棺十分完整，破碎的外椁扔在金券的西北角。椁盖朝上，上面乱堆着许多糟烂的丝织物。

地宫金券西南角的册宝石座上叠放着一件龙袍。东南角的册宝石座上放着一个黄绸包，包着香册和香宝。

奇怪的是，慈禧棺椁并未用龙山石，这是固定棺椁不能被移动所用之物。人们这才知道，慈禧陵神厨库内的四块雕刻石头原来就是慈禧陵地宫龙山石，但为什么龙山石都做好了没有使用，其原因至今不为人知。

第四章 考古：钻进慈禧地宫

1979年发现的慈禧陵地宫中的慈禧红漆金字内棺

慈禧陵地宫册宝座、香宝和绣花鞋

慈禧皇陵：大清陵墓解密

慈禧陵之龙山石（角度一）

慈禧陵之龙山石（角度二）

第四章 考古：钻进慈禧地宫

地宫里气味难闻，由于这次属于探视，在摄影师杜清林拍摄完地宫清理前的照片后，人们很快地退出了地宫，开会研究清理地宫的工作分配。由于慈禧陵要赶在"五一"节前开放，于是根据地宫里面的实际情况，"慈禧陵地宫清理小组"将清理工作细致化，并进行了合理的分配。

整个地宫的清理工作总指挥是所长宁玉福。

这次清理慈禧陵地宫，出土了一些珍贵的文物，它们是慈禧的香册、香宝，慈禧死后所用的寿衣、黄缎堆绒绣荷花枕套、铺绒彩绣荷花褥、彩绣串珠荷花底元宝底鞋残片（寿鞋），陪葬所用的陀罗尼经被等。

由于时间关系，当时并未清理慈禧内棺，也不清楚内棺是否有慈禧遗体。当时只是修复了慈禧棺木的外椁，由于当时木工不会扫金工艺，购买金箔不容易，

慈禧地宫出土的慈禧寿衣——绿绉绸地平金绣"福"字上衣

慈禧陵地宫出土的慈禧寿衣——黄绸地彩绣云蝠平金"佛"字龙袍

且花费大,就没有雇请专业师傅,用红漆涂饰外椁金漆剥落之处,致使现在看到的棺木外椁部分,有的是金色,有的是红色。

后来按照清西陵崇陵地宫出土的册宝箱样式,复制了慈禧陵地宫册宝箱。又修建了慈禧陵地宫入口,架设了地宫照明用电。

1979年4月8日,慈禧陵地宫正式对游人开放,并带来了清东陵的第二次旅游高潮。

慈禧陵地宫的开启,揭开了清皇后陵地宫的奥秘,也给世人带来了了解清皇后陵的机会。

慈禧陵地宫规制为五券二门,即隧道券、闪当券、罩门券、第一

慈禧棺椁上的大漆髹金残片

第四章 考古：钻进慈禧地宫

慈禧棺椁

慈禧陵地宫册宝箱复制品

慈禧陵地宫入口处

道石门、门洞券、第二道石门、金券。其进深24.81米，落空面积154平方米。除了隧道券为砖券，砖砌礓磋（台阶），其余从罩门券至金

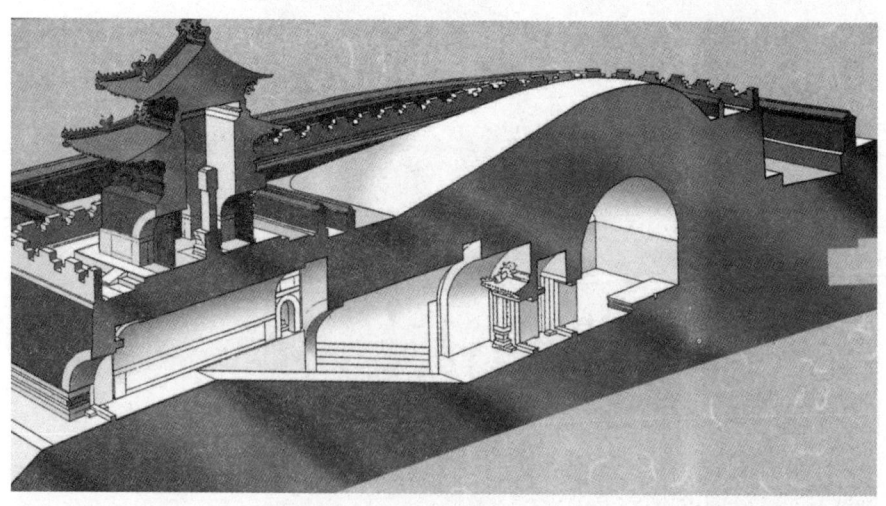

慈禧陵地宫透视图

第四章　考古：钻进慈禧地宫

慈禧陵地宫金券券顶

券，均是石墙、石券顶、石墁地，墙面、券顶等处也没有雕刻。

地宫的两道石门均是整块汉白玉石制成的，除了铺首外，石门表面光素，无雕刻，石门的支顶石门的是"自来石"。地宫金券（即正

慈禧陵地宫第二道石门上的月光石上的"龙凤呈祥"雕刻及四个铜门簪

慈禧陵地宫石门上的铺首

第四章 考古：钻进慈禧地宫

慈禧陵地宫罩门券内地面上的龙须沟漏

慈禧陵地宫内之龙须沟漏孔

室）正中，北是石棺床，棺床正中停放着慈禧的棺椁。金券两旁各有一个石雕须弥座形的册宝座。

慈禧陵地宫地面上有6个排水地漏，在其下面设有两条龙须沟，一旦地宫内出现渗水，这些水便通过地漏流入龙须沟，排到陵外，以保持整个地宫的干燥。

慈禧陵地宫内没有设机关暗道和弓箭。

第四章 考古：钻进慈禧地宫

民间藏宝图

据李连英之子李成武《爱月轩笔记》记载，慈禧内棺珍宝都是价值连城的物品。

慈禧尸体入棺前，先在棺底铺上一层金丝镶珠宝的锦褥，厚7寸，上面镶着大小珍珠12604粒，红、蓝宝石85块，祖母绿两块，碧玺、白玉203块。在锦褥上，又盖上一条绣满荷花的丝褥，上边铺满五分重的圆珠，共有2400粒。在这层圆珠上面又铺绣佛串珠薄褥一层，褥上用二分珠1320粒。慈禧尸体入棺前，先在头部位放置一个翡翠荷叶，重22两5钱4分。荷叶满绿，叶筋不是人工雕刻，为天然长成，甚为珍贵。脚下部位放置一个重36两8钱的粉红色荧光夺目的碧玺大莲花。慈禧尸体入棺后，头顶荷花，脚蹬莲花，寓意"步步生莲"，使亡灵尽快进入西方乐土。

慈禧入葬时，身上穿着多层寿衣，仅金丝串珠丝绣礼服和外罩绣花串珠褂两件，就用了大珍珠420粒、中珠1000粒、一分小珠4500粒、宝石1135块。慈禧胸前佩戴着两挂朝珠和各种佩饰，用珠800粒、宝石35块。另外还有串珠9链，围绕全身。在臂间摆放18尊蚌佛，身上又盖有织金陀罗尼经被，被上用真金捻丝织出佛像、佛经，极为精致，经被之上还铺珠820粒。慈禧头戴珠冠一顶，冠上镶嵌着外国进贡的一粒鸡卵一样大小的珍珠，为稀世珍宝。在她身旁还有金、翠、玉、红宝石雕制的佛像各27尊，共108尊。其中金佛每尊重8两；翠、玉佛每尊重6两；红宝石佛每尊重3两5钱。在慈禧尸体左边，还放着一枝玉藕。藕分三节，沾有天然生就的灰色泥污。藕上长出绿色荷叶、粉红莲花。另外还有一颗惟妙惟肖的黑荸荠。右边，放着一枝红色的珊瑚树，上有樱桃一枝，青根、绿叶、红果，树上停落一只翠鸟。在慈禧脚下，左右各放置一个西瓜、两枚甜瓜。西瓜为翡翠所制，青皮红瓤，黑子白丝。四枚翡翠甜瓜，两枚白皮、黄籽、粉瓤；两枚青皮、白籽、黄瓤。此外，还有青色粉尖的翡翠桃10个、黄宝石李子100个、红黄宝石杏60个、红宝石枣40个。在大小近200件雕刻的果品之外，又有王公献的两颗翡翠白菜。这白菜绿叶白心，在菜心上落着一只满绿的蝈蝈，菜心旁还停着两只黄色马蜂，选料、雕琢都恰到好处。

为了填补棺内的空隙，棺内另外撒了大约四升珠宝，即有八分大珠500粒，二分珠1000粒，三分珠2200粒，红、蓝宝石2200块，仅这一项就价值白银223万两。最后盖上一件网珠被，被上用了二分重的珠子6000粒。

第四章 考古：钻进慈禧地宫

正要上棺木子盖时，一位公主又赶来献宝：玉制的八匹骏马和十八玉罗汉。这十八罗汉高不及二寸，白身，白足，着黄鞋，披红衣，手执红莲花。公主献完宝物，复盖上网珠被，再扣上棺木子盖，才封闭棺盖。

《爱月轩笔记》到底是一本什么样的笔记呢？民间相传是李连英临死之前，自己口述，由李成武执笔，写下了这本《爱月轩笔记》。对于《爱月轩笔记》的真实性，国内的许多历史学家和学者都是有争议的，因为他们谁也没有见到过这本笔记，它唯一的流传出处是早期的一本《佛学大辞典》，它里面有《爱月轩笔记》内容的部分摘录："慈禧尸体头顶荷叶，脚踩莲花，寓'步步生莲'之意。衣服上穿缀着大珠420颗、中珠1000颗、一分小珠4500颗，大小宝石1135块。"由于记载数量太具体了，因此人们质疑其真实性。

目前，《爱月轩笔记》有很多版本，每个版本之间都有些出入，因此无法直接判断其真实性和是否存在这本书。

验证《爱月轩笔记》最好的方法就是与清宫档案记载慈禧陪葬物品进行对比，然而，这本书的内容与清宫档案《内务府簿册》记载的大相径庭，清宫档案记载的权威性不容置疑，那么，《爱月轩笔记》记载的内容就很值得怀疑。通过这次清理慈禧陵地宫，发现的文物对《爱月轩笔记》的真实性，是一次认定，即《爱月轩笔记》值得信赖，其理由如下。

一是地宫出土的陀罗经被在《爱月轩笔记》中有记载，清宫档案中没有记载。

二是经盗陵匪徒的回忆，他们所盗的珍宝与《爱月轩笔记》的部

慈禧棺内发现的陀罗经被

分记载吻合,与清宫档案记载不符。其中,孙殿英回忆棺内填空珠宝数量与《爱月轩笔记》记载相符。

三是根据《爱月轩笔记》记载,慈禧死后陪葬物品分为公账和私账两部分账目。公账就是官方按照惯例所放之物。私账就是个人所孝敬贡献物品。

由此可见,清宫档案和《爱月轩笔记》记载的陪葬物品,均是不全的。其中,《爱月轩笔记》记载的大多数是私账,不入公账。

笔者记得有史料记载,清朝某位重要大臣死后,朝廷都会赏赐陀

第四章 考古：钻进慈禧地宫

罗经被，以示恩德。即陀罗经被属于私人性质的丧葬物品，所以出现在《爱月轩笔记》的记载中。

慈禧陵地宫陀罗经被的出现，以实物的形式证明，《爱月轩笔记》很可能真实存在。

插曲:"慈禧开棺"事件的真相

"老徐,听说你们东陵单位的领导都被抓起来了?"北京故宫博物院的朋友问。

"不知道啊?怎么回事?"徐广源不解地问。

"就是你们东陵慈禧开棺的事情啊!"

"没听说啊!这么严重吗?"

"那自然是啊,没有上级的批示,这是违法的啊!"

当听到这里,正在北京故宫博物院查档案的徐广源等人,再也无心停留在那里,急急忙忙赶回了遵化清东陵。

原来,自1979年慈禧陵地宫开放以后,清东陵的旅游事业又向前发展了一步,但随着时间的推移旅游又呈现了季节性的高峰和淡季。并且在这期间发生了一些问题:游客常常提问有关慈禧遗体的事情;

第四章 考古：钻进慈禧地宫

慈禧陵地宫发现有老鼠出没；内棺是否为空的等。1983年入秋后，清东陵文物保管所开始谋划下一步的文物保护和旅游开发工作。有人提议，应利用旅游淡季清理慈禧内棺。如果有尸体，就对遗体进行科学保护，利用现代技术再现其生前容貌。也有人说，可以在慈禧陵隆恩殿展览慈禧塑像，或将慈禧棺椁一侧打开，再现当年大殓时情景，安上玻璃进行参观等。对于内棺中是否有慈禧尸体，文物保管所的干部职工都想知道，但又都有所顾忌：当年清理慈禧陵地宫就苦难重重，如果要清理慈禧内棺，是否需要重新向上级请示呢？是否……

后来，有人为了证明自己的高明的想法及可行性，特意从西安请来了一位造型大师闫文斗。据说，这位专家能根据人的骨骸复制出其生前体形和相貌。果然，这位专家到达清东陵文物保管所办公室后，拿出一个包来，打开之后，竟然是一只人手，在场的人都被吓了一跳。这位专家告诉大家不要害怕，说这是只假手。就是这一只假手，使大家无不佩服现代复制技术的高超，也征服了在场的众人。

于是，清东陵文物保管所的领导召开会议，专题研究慈禧内棺清理问题：是否需要向上级申请。对此，与会者有两种意见，一是需要向上级请示，这是新工作，必须按照程序来；二是不需要继续请示，因为当时申请清理地宫时，就包括清理内棺内容。之前没有清理是因为没有时间，现在清理内棺是那次清理地宫的延续，因为当时的清理并不是完整的清理。

1983年12月初，经过多次开会反复研究，清东陵的领导认同了后一种说法，于是决定清理慈禧内棺，不上报国家文物局。清理慈禧内棺小组成员仍为单位部分干部职工。此时，清东陵文物保管所领导犯了一个明显错误，因为凡是涉及文物安全的问题，均需要明确请示。

1983年12月6日下午，慈禧陵关闭后。工作小组的人员走入慈禧陵地宫，开始了清理慈禧内棺的工作。

工作人员打开慈禧内棺

在慈禧陵地宫里，清东陵的工作人员将外椁抬起，放在一边，露出内棺。内棺通体朱漆，顶部四面收起，呈坡状。四壁内外均阴刻藏文佛经，填以金漆。棺盖上表面以"卍"字锦文为底，上阴刻藏文佛经、九尊团佛和凤戏牡丹图案，内棺基本完整。

众人抬外椁时，在棺和椁之间的空隙里发现了一堆被老鼠咬碎的纸、碎果皮等。此时最激动人心的时刻终于到了。大家小心翼翼地启动棺盖，将棺盖抬了下来，与此同时众人将目光一起投入棺内。然而，让人意想不到的是，慈禧棺内不是人们想象中的一堆枯骨，而是被一件黄缎大被盖住。被上是黄缎袍，袍上是一件蓝缎坎肩。见此情形，大家马上得出结论：这是1928年溥仪派人重殓慈禧时的原状，

第四章 考古：钻进慈禧地宫

尚未被人破坏过。于是，众人立即将棺盖又盖上，退出地宫，并关闭了慈禧地宫入口，派专人把守。

当夜，清东陵文物保管所的领导开会决定将这件事迅速上报国家文物局和河北省文化厅。其中，副所长谢某某负责向河北省文化局上报，副所长于某某负责向国家文物局上报。同时，所长决定，清理成员到明十三陵考察。

然而，令人想不到的事情还是发生了，有人将清东陵文物保管所夜开慈禧内棺之事提前举报给了国家文物局。国家文物局对清东陵这种先斩后奏之事特别震惊，尤其是1982年1月，清东陵曾未书面申请就清理裕陵妃园寝纯惠皇贵妃地宫事后才报告。为此在1982年1月30日，国家文物局专门下发文件《今后未经正式批准，不得擅自发掘帝、后、妃陵的意见》，文件是专门针对清东陵和清西陵的，但是清东陵还是再次犯此错误。于是国家文物局立刻责问河北省文化局遵化

慈禧内棺

清东陵又擅自清理慈禧内棺之事。同时，国家文物局、河北省、唐山市、遵化县成立了四级工作组，进驻清东陵调查此事。

经过调查确认：清东陵未经请示私自开启慈禧内棺情况属实。最后处理结果为：所长免职调离；副所长两人免职留用。

工作组后来又对清东陵的其他情况进行了受理和调查，也发现了一些问题。对与此事无关的一些职工，也分别作出了处理，或罚款或降职或清退。

以上这些，就是1983年12月发生在清东陵的"慈禧开棺"事件。

第四章 考古：钻进慈禧地宫

揭秘慈禧尸体

"慈禧开棺"事件过去不久，国家文物局派来了五名专家，其中有摄影师和摄像师，与清东陵保管所组成一个"清理慈禧内棺小组"，决定对慈禧遗体进行防腐处理。"清理慈禧内棺小组"共有十几个人。其中清陵学者徐广源先生就是这个小组的成员，专门负责清理内棺。

1984年1月5日，"清理慈禧内棺小组"开始了正式清理慈禧内棺的工作。

慈禧陵地宫里，在摄像机的照射下，徐广源依次揭取坎肩和黄缎袍。在黄袍下，黄缎被上发现一个黄绸小包。按照指示，徐广源打开小包，里面是一颗牙齿、两节指甲，这和当年曾参加慈禧陵重殓时的耆龄所写的《东陵日记》完全相符。内棺里，被的中部是一南北方向的隆起，这下面就是遗骸。

国家文物事业管理局

清东陵文物保管所：

兹委派我局松林、王丹华、饱子龙等三同志前往你处对慈禧内棺进行保护性处理，在处理过程中进行录相、摄影。望予协助并安排食宿。

此致

敬礼

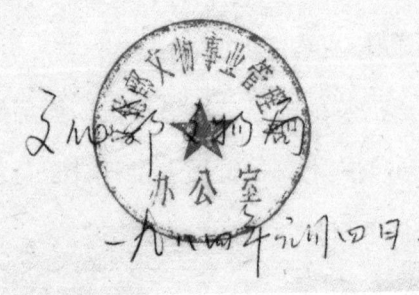

一九八四年九月四日

国家文物局录像人员介绍信

第四章　考古：钻进慈禧地宫

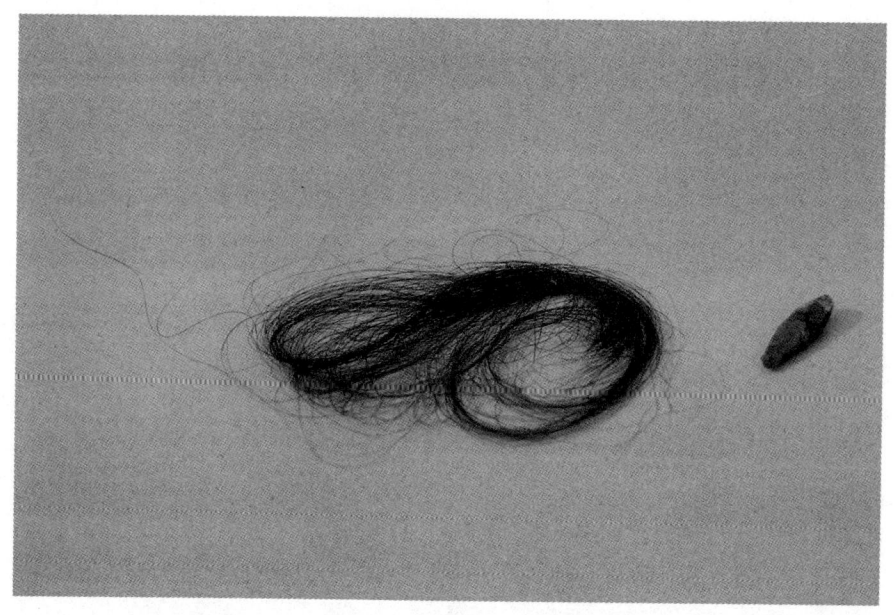

慈禧内棺中慈禧的头发和牙齿

徐广源先是测量遗体在棺内所摆放的位置，然后用纸筒把黄缎被慢慢卷下，下面是一具尸骸，脸和上身用黄绸包裹，下体穿着裤子，已严重褪色，一时难以分辨原来的颜色，裤子上绣满"寿"字。但见尸身双脚裹着黄绸，揭开上身黄绸，慈禧的尸骸全部展现在众人面前。

慈禧遗体为头北脚南，仰身而卧。头微偏左，有些花白的头发，上身裸露着，下身穿着裤子。右脚上穿着一只白绫袜，经过测量，袜底长 19.5

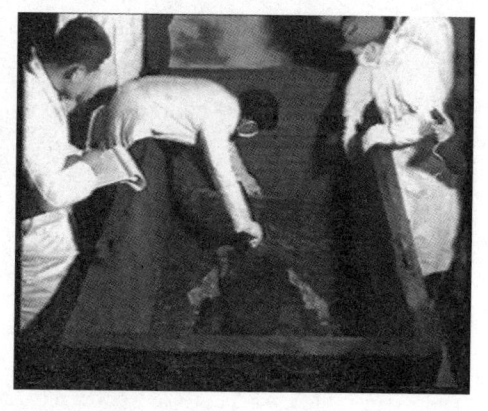

徐广源正在测量慈禧内棺遗体位置

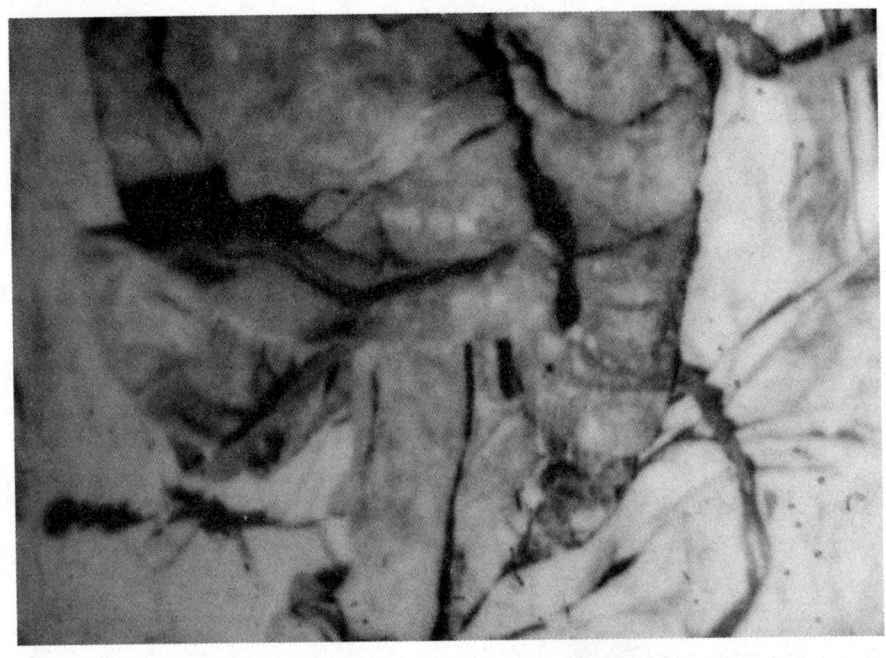

1984年1月6日，开启慈禧内棺时发现，慈禧遗体下身穿着裤子，左足赤裸，右足穿袜

1984年1月6日，开启慈禧内棺时发现，内棺中的慈禧遗体左手下伸，右臂微弯，裤绣"寿"字

第四章 考古：钻进慈禧地宫

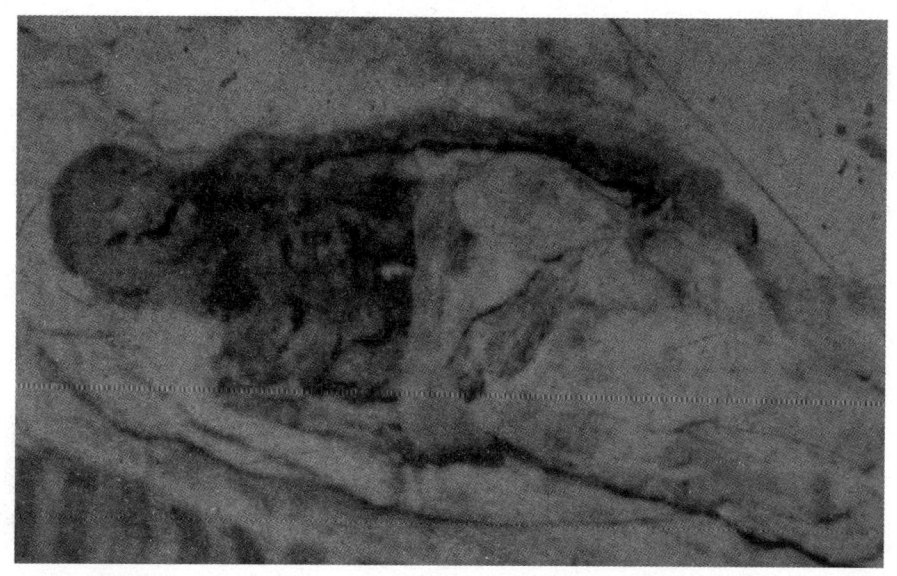

慈禧遗体

厘米。其皮肤贴在骨头上，已成干尸，但又与一般干尸不同，十分干脆，局部多有裂口，如同干牛粪一样。头骨右侧有稀疏白发，左侧黑发散在胸上，右上肢搭在腹部，左上肢自然垂直在左胯外侧。两眼深陷成洞，腰间扎一丝带。遗骨完全连在一起。经过测量，慈禧遗体全长153厘米。尸身上盖着一件黄缎被、一件黄袍、一件马褂。尸体下面铺一蟒缎褥，下面是一块长条木板，是当年抬尸体用的。

在同事的帮助下，众人把慈禧遗体抬出棺外，发现棺内板下铺着一层大约10厘米厚的锯末状的物质，经分析认为，这是锯末

1984年1月6日，清理慈禧内棺时发现在内棺的棺底铺有厚厚的一层防腐中药、香料

和香料、药物混合物，防腐所用。

国家文物局专家们在棺内喷洒了防腐消毒液，然后又将慈禧遗体放回内棺，棺内物品按照原样依次放回原位，专家又喷洒了一次药，盖上棺盖，套上外棺，木工对破碎的外椁进行修补，清理工作整整进行了一天。

根据慈禧遗体的长度，估计慈禧生前的身高大约为160厘米。如今，慈禧遗体依然保存在棺内。

慈禧内棺的清理和慈禧遗体的保护，打破了民间不实的传闻。

民间传说，慈禧的内棺是空的，棺内并无慈禧尸体。当地并有两个故事流传。

故事一：孙殿英带领匪兵们闯进了慈禧陵地宫，炸开了石门，揭开慈禧的棺盖，有士兵发现慈禧嘴里含有珠宝，当撬开慈禧的嘴巴时，他们眼巴巴地看到那颗大珠子咽到喉咙里去了，匪兵们急红了眼，硬是用手捏着慈禧的下巴，想把大珠子从喉咙里抠出来，可是遗体却把大珠咽到了肚里。匪兵们不甘心，为取出那颗宝珠，他们把慈禧的遗体连拖带拽，拉到院子里，将慈禧遗体大头冲下，倒悬在松树上，然后用大木板子拍打遗体，一连几十大板，那颗宝珠才由慈禧嘴里吐出来。搜刮完珠宝的遗体也没有用了，为了销毁证据，他们把遗体丢进荒山，喂了野狗。

故事二：另外还有一种说法：匪兵们搜刮完慈禧遗体上的珍宝后认为没用了，将慈禧的遗体从山上扔到山坡下，一个当地打柴的人发现后，将慈禧遗体掩埋了。1979年，慈禧陵地宫打开后，发现没有遗体，这才在当地人的带领下，找到慈禧遗体，将其重新安葬进地宫。

第四章 考古：钻进慈禧地宫

也许有人会问：慈禧遗体为什么是一具干尸而没有腐烂呢？

笔者认为，这与慈禧是死于痢疾有关。

这次对慈禧内棺的清理，不仅保护了慈禧遗体，还纠正了一些民间不实传闻：

一是慈禧遗体依然完好，依旧保存在地宫棺椁内。

二是慈禧遗体在孙殿英盗墓时也没有受到人格上的侮辱。

三是慈禧的死属于正常病死。

四是溥仪派人重殓慈禧遗体后，地宫盗口虽被再次打开，但慈禧内棺没有被打扰，慈禧陵地宫的香册、香宝也没有丢失，慈禧陵地宫仍然保持着溥仪派人重殓时的原样。

第五章 慈禧陵藏宝探秘

在慈禧的诸多珍宝中,她最喜爱的是那件18颗珍珠手串,曾令人放进地宫金井,后又被取回,后来不知所踪。慈禧陵隆恩殿佛楼就是为了尊藏地宫珍宝所建。孙殿英所盗珍宝并非自己用于收藏,而是最终流落各方,其中一些就流落到了他的上司徐源泉手里。

十八颗珍珠手串与佛楼之谜

光绪二十四年（1898）闰三月初五日凌晨，北京东城门被打开，一匹骏马向东急驰而去，内务府的一名高级官员怀揣着绝密文件，不大一会儿工夫就消失在城楼守兵的视野里。午时，这名内务府的官员马不停蹄地跑到了位于北京东侧 120 余公里外的清东陵。他十分谨慎地从怀里拿出了慈禧太后密旨，东陵守护大臣溥龄不敢怠慢，立刻陪同这名官员走进菩陀峪定东陵慈禧地宫。这名官员从地宫金井中取出一件东西，十分谨慎地放进锦匣内，然后贴上封条、印花，一切准备妥当后，在马兰镇绿营两名千总、10 名兵丁的专程护送下，一路前行，后来知晓内情的各地方官员又分别派官兵分段护送，搞得气氛十分紧张。

这位内务府官员究竟从金井中取走何种稀世珍宝呢？

第五章 慈禧陵藏宝探秘

原来，他从金井中取出的是那件闻名中西方的慈禧最心爱的 18 颗珍珠手串。这 18 颗珍珠手串是慈禧放在她的地宫金井之中祈求她死后的灵魂升入天国所用的宝物。然而，这 18 颗珍珠手串被放进地宫金井后，让慈禧在精神上备受折磨，十分的想念和后悔。

秋冬时节的一天，慈禧从养心殿听政回来，喝过宫女送来的茶后就走了出去，盯着殿外东面的天空凝视了良久，神情有些木讷，身边的太监们都不敢言语，只有在身旁站立良久的太监总管李连英猜测出了太后的心思。慈禧在看殿外东边

李连英

的天空前，是坐在椅子上品茶的，李连英看到慈禧太后无意中用手摸了摸袖口，在李连英的记忆里，那正是慈禧以前下意识摸 18 颗珍珠手串时的动作，此时慈禧又想起了她的那串珍珠手串了。见此情景，李连英轻轻向前一步，说："老佛爷，我们到外面的花园里走一走吧？"

听李连英这么一说，慈禧便回话说："好吧！"

于是，主仆二人便走出去了，其他太监要跟着时，李连英一摆手让他们留在原地。他们走到花园中时，空气新鲜了很多，慈禧的心情也似乎好了起来。李连英小心地试探着说："老佛爷有什么烦心事了？"

慈禧回头看了看李连英，没言语。

李连英接着说："老佛爷有什么不开心的事儿，说给奴才听一听，奴才或许能为老佛爷想想法子呢！"

慈禧摇摇头，发愁地说："连英啊，说出来你也没有什么法子啊，我想起了以前手上戴的 18 颗珍珠手串，那可是我的宝贝啊，你也知道我已经把它放进地宫金井里了。我想把它拿回来，又怕得罪佛啊，世人也会笑我的！"

李连英看到慈禧说完后无奈地摇摇头，苦笑了一下。就不失时机地说："老佛爷，要是真想把它拿回来，也不会得罪佛的。"

慈禧一听，半信半疑地说："怎么会呢？"

李连英说："是啊，等老佛爷在人间住烦了，要成佛成仙前，我们再把这 18 颗珍珠手串放进老佛爷的金井里就是了。另外您所担心的别人会取笑，怎么会呢？谁敢取笑老佛爷呢？看他是活腻了吧。再说，您也可以把它藏在殿里，想它时就拿出来看看啊。"

听到这里，慈禧的心动了，还是李连英最懂得她的心思。奢华的本性很快让慈禧作出了决定，准备从自己"万年吉地"中决定风水的那口"金眼吉井"中，取回那串她在 8 年前亲手放进去祈福的 18 颗珍珠手串。

关于地宫金井，在民间传说中是非常讲究的。据说入葬地宫后的棺椁放在金井之上，其墓主人的尸身就能够沟通世间阴阳之气，使尸体不腐烂，不仅如此，死者的灵魂甚至可以在人世阳间与地府阴世之间自由地来往。金井的神奇之处还在于里面的水不仅清澈甘甜，而且还是世间难有的无根水，不论是雨季还是遭遇百年不遇的大旱，金井里的水不溢不降，总是平静如初，常年不变。有此种神奇的效果，一部分人认为这是金井的位置好，并且墓主人放进不少珍宝在里面镇着所取得的作用；也有一部人认为，金井本是通向大海龙宫的海眼，龙

第五章 慈禧陵藏宝探秘

王在里面看守着地宫,因此,水无论什么时候也不会溢出而浸泡墓主人的尸身;甚至有一些人确信金井里面的水能治百病。凡此种种,无不显示金井的神奇。

其实,地宫的金井就在棺椁下面,不过井中并没有水。金井虽然被称为井,事实上只是一个直径仅14厘米、深不足1米的竖向圆孔而已。在慈禧棺椁未被运进地宫之前,金井穴眼上

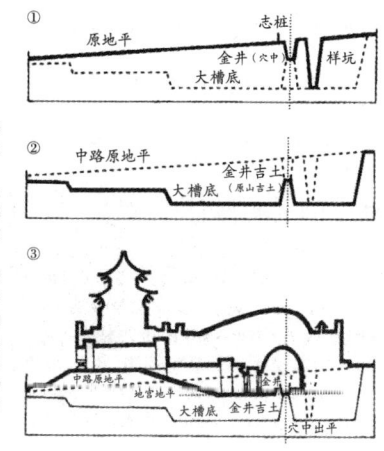

①金井:选勘陵寝基地的地质采井,用以判明工程地质情况。
②金井吉土:即原山吉土,大槽(地宫基槽)开挖后,保留在穴中下方的中心墩。
③金井:陵寝建筑设计的控制基准。在平面上,决定陵寝中轴线;在竖向上,以穴中出平(穴中位置原始地表标高)为整修陵寝建筑竖向设计的基准标高。

地宫金井位置示意图

崇陵地宫金井兽盖头

有两件井盖：一件叫穴眼盖，或称之为"金井盖"；一件叫穴眼浮盖，或称之为"金井浮盖"。

"三年求地，十年定穴。"这里所说的"穴"，就是指金井，金井是地宫的核心部分，在陵寝建筑中具有重要作用。其作用是决定着整座陵寝平面布局和各单位建筑水平高低。大葬之前，还要把一些珍奇宝物放入金井之内，以求镇墓、息壤，使灵魂得到永远的安宁，人的生生死死才能久兴不衰、长存世代。

在清宫档案中的《菩陀峪金井安放帐》和《大行太皇太后升遐记事档》中有慈禧陵地宫金井多次安放珠宝的记载，都是世间少有的珍贵宝物：金枣花扁镯一对、绿玉福寿三多佩一件、红碧玺镶子母绿觥子一件、红碧玺长寿字佩一件、黄碧玺葡萄鼠佩一件、红碧玺葫芦蝠佩一件、绿玉别子一件、红碧玺双喜佩一件、白玉灵芝天然小如意一柄、白玉透雕夔龙天干地支转心璧佩一件、红碧玺一件、金镶万寿执壶二件、金镶珠石无疆执壶一件、金镶真石玉杯金盘两份、雕通玉如意一对等。

光绪十六年（1890）闰二月十九日，慈禧由朝政大臣和承修大臣等人陪同，来到东陵巡视她的陵寝工程。当慈禧看到她的"万年吉地"异常坚固、华丽，感到非常满意。慈禧这下激动了，为了祈求佛爷赐给自己吉祥，在灯光的照耀下慈禧面东朝西站立着，命令侍卫开启金井盖，当慈禧看到已经放了不少珍宝的金井仍显得有些空时，此刻的慈禧心情微妙，只见她轻轻挽起衣袖，把右手腕上佩戴多年的那18颗珍珠手串摘了下来，十分虔诚地放进金井里。这手串有18颗大珍珠，晶莹闪光，大小一样，价值连城，为世间罕见。

第五章　慈禧陵藏宝探秘

慈禧微闭双眼，低头祷告良久。只见那放进金井里的手串放出熠熠光芒，照在慈禧脸上，这个65岁的女人的脸上显得很是安详、幸福，甜蜜地露出一丝满足和被幸福包围的笑容。

只是这种对神灵祈福的幸福感并没有持续太久，慈禧回到皇宫后就为自己的冲动感到后悔了，那串长期戴在手腕上的珍珠手串一下没了，手腕上空了，心里也空空的，总让慈禧不自在，像丢了魂似的。虽然18颗珍珠手串是放在慈禧陵地宫金井里，但此时并不似紫禁城皇宫里让她随时可以用手触摸到，还是让慈禧觉得失去了什么东西。原来，那18颗珍珠手串戴在手上时，给了慈禧一种前所未有的奢华感，现在奢华感不存在了，慈禧的生命也就失去了活力。慈禧心中生出悔意来，埋怨自己不该一时冲动把它放进金井里。她多次动过取回的念头，可又一想：18颗珍珠手串放入金井，是为了祈求佛祖保佑今世和来世吉祥的。并且是当着众大臣的面放进去的，如果再取回手串，一要得罪佛祖，二要被人在私下耻笑。这让她左右为难，成为慈禧的一块心病。

当取回18颗珍珠手串时，慈禧的心病也就痊愈了。但此时的慈禧又因为是否把它戴在手腕上而为难了，因为这让她在面子上过不去，所以，只好把它藏起来，有时间拿出来独自欣赏。清宫档案《内务府来文》对18颗珍珠手串的真实面目有记载：大珠子手串一盘计18颗。红碧玺佛头塔，绿玉双喜背云茄珠坠角二个，珊瑚宝盖，绿玉、珊瑚杵各一件，绿玉结20个，小正珠四颗。

慈禧将已放入自己陵寝地宫的珍珠手串取回来，并非出自民间传说，这在清宫档案中有翔实的记载。不过，几年后，年近70岁的慈

慈禧皇陵：大清陵墓解密

慈禧会见外国女宾

禧在一个外交场所中，再也不能将她心爱的18颗珍珠手串藏起来，因为在这次外交场所中将有多位外交使节的夫人出席，慈禧要让自己的奢华气质超过所有女人。

这一次，慈禧将自己打扮得十分艳丽，看上去远比自己实际年龄要年轻，她的艳丽超过那些远比她年轻的外国使节的夫人们。18颗珍珠手串让慈禧信心百倍，有了18颗珍珠手串戴在手腕上，慈禧觉得自己依然是世上最有风采的女人。

为了显示清廷的豪华和拥有的稀世珍宝，慈禧还特意让人将宫中收藏的古玩也陈列出来，供那些前来的洋夫人们观赏。为了显示大清朝的皇恩，她还赏赐给这些外国女人不少物品。洋夫人们就更加对慈禧恭维了。此时的慈禧沉醉在女人虚荣心所带来的满足与快乐之中，她有些飘飘欲仙了，幸福得像个小女人一样再一次走进内室，换了一身串珠的袍服，上面绣着大朵的牡丹、玉兰、海棠和翩翩起舞的彩蝶，从不断地发出赞叹声的洋夫人们的眼前走过。此时，慈禧干脆亲自担当起讲解员的角色，指着绣花袍服对她们说："这上面绣的是'兰堂富贵'，'兰'指玉兰，'堂'指海棠，'富贵'指牡丹，'蝴蝶'指春风，组合在一起的意思，就是'兰堂富贵，春风得意'。"接着，慈禧抓住所有洋夫人们的目光全在自己一人身上的机会，作出很随意的样子，举起右手去抚摸头顶祖母绿翠花，让手腕上的18颗珍珠手串自然地露了出来。

"OK！OK！"大殿里洋夫人们不约而同地发出了赞美声，18颗珍珠手串上的光芒让在场的所有人都惊呆了。她们一齐竖起了大拇指，"OK"声不停。

这一天，慈禧出尽了风头，也使18颗珍珠手串从此举世闻名。

其实，慈禧地宫所有的珍宝，在当时都是非同凡响的，都是有灵气的佛宝，必须敬重和善待。为了供奉慈禧陵地宫的一些佛宝，清廷特意在慈禧陵隆恩殿东暖阁建了佛楼。

原来，重修后的慈禧陵与慈安陵一样，都没有设立佛楼。

咸丰帝定陵营建时，隆恩殿并未建佛楼，隆恩殿佛楼是后来增建的，本是为了供奉同治五年（1866）西藏的后藏喇嘛拜谒定陵时进献的佛像，规制仿照裕陵佛楼，但比裕陵佛楼大，按定陵隆恩殿东暖阁定制的。

定陵隆恩殿东暖阁内之佛楼

第五章　慈禧陵藏宝探秘

通过查阅档案得知，慈禧陵的佛楼是在慈禧棺椁入葬地宫之后的宣统二年（1910）始建的，用来供奉地宫珍宝。

原来，在慈禧入葬前，地宫的棺床上供奉着一尊玉佛、一尊玉寿星、一套镶嵌着珠宝的壶盏。宣统元年（1909）七月十三日，隆裕皇太后给军机大臣发出一道懿旨，让将地宫棺床上供奉的这些物品以及最近送到慈禧陵的两件金塔，一并送到慈禧陵隆恩殿东暖阁内供奉。军机大臣领旨后，立即通知东陵守护大臣办理这件事。

东陵守护大臣载瀛和意普接到朝廷指令，不敢怠慢，马上着手办理这件事。由于这些佛像、金塔之类都是有灵性的珍贵物品，因此如何在东暖阁供放成了一件很头疼的事情。后来他们效仿定陵东暖阁建佛楼的方法，决定在慈禧陵隆恩殿东暖阁也建佛楼。于是上奏朝廷，请求在慈禧陵隆恩殿的东暖阁建佛楼，以示对佛祖的敬重和对慈禧的忠敬之意。很快，朝廷就批复准许，并责成两人负责建佛楼的事。为了办好这件事情，这两人对东陵的所有佛楼进行了一番考察，认为惠陵的佛楼最精美。为了与慈禧陵隆恩殿的内部装修保持一致，于是在惠陵佛楼规制的基础上改为采用金丝楠木料修建、金漆雕刻的方法装饰。施工方案上奏后，朝廷派来了度支部左侍郎绍英来东陵进行勘估。经过勘估，工程预算为22197两2钱1分9厘。

经过将近一年的紧张施工，到宣统三年（1911）七月底，慈禧陵隆恩殿东暖阁佛楼正式建成。钦天监选择吉期，宣统三年（1911）八月十三日申时，这些佛像、金塔等物品被供奉到佛楼内。

后来，由于清朝灭亡。清东陵的守陵官员觉得清东陵有这么多珍贵宝物，当时政局还不稳定，民不聊生，远离城市中心区的清东陵非常不安全，于是就上奏溥仪小朝廷，请示将珍贵物品运回北京紫禁城。对此，溥仪很快就批准，将清东陵和清西陵收藏的珍贵物品运回紫禁城。

发现盗宝新去处

有关孙殿英所盗珍宝的去向,一直以来都是人们最为关注的信息。笔者经过整理,将其可能的去向列为下面几点。

一是在盗案发生后,被私分了一小部分,都是相对不大值钱的物品。

二是在北平、上海等地销售了不少,用获利钱款购买军火。

三是贿赂了国民党的一些高官,如宋子文、戴笠等。

四是贿赂给宋美龄,如慈禧遗体口含的夜明珠。据说,当时被宋美龄分开,分别镶嵌在一双拖鞋的鞋面上。

五是贿赂给孙殿英上司徐源泉一部分。

六是因打官司,上交充公一部分。

七是随身携带一部分,由于战争转移行军等原因,丢失一部分。

八是被一些士兵捡走少许零散珍珠等细小物品。

新中国成立后曾有报道称：湖北省武汉市新洲区徐源泉公馆地下可能藏有孙殿英送给徐源泉的东陵地下珍宝；徐源泉家的女用人袁一全也回忆说，徐公馆的地下室里有暗道。中央电视台对此新闻也有报道，并将此种说法制作成《东陵遗恨》光盘。

另据 2001 年 3 月 23 日《检察日报》报道：73 年前被军阀孙殿英盗窃的清朝东陵财宝，其中有一部分极有可能藏在湖北省武汉市新洲区徐源泉公馆地下。

徐源泉公馆坐落于新洲区仓埠南下街。据该馆史料记载，1931 年，国民党中央执委第六集团军上将徐源泉为庆祝母亲 70 岁大寿，耗资十万大洋修建了这座公馆，公馆全部建筑面积约 1170 平方米，正楼有上、下两栋，面积 575 平方米，右房建有地下室。公馆主楼上的匾额写着"澄清在望"，公馆当时被命名为"退园"。据新洲区文物管理所的胡德意所长介绍，"退园"有引退的寓意。公馆建成之后，徐源泉派驻了一两个连的兵力进行保护。1931 年至 1949 年一直是徐源泉家人居住在那里。徐源泉本人却没有在此居住，他一直住在武昌的小洪山将军楼。新中国成立后，徐源泉公馆由原新洲县第二高级中学使用，并一度成为居民宿舍。1984 年、1988 年，先后被新洲县和武汉市列为重点文物保护单位。

据资料记载，1928 年 7 月，作为集团军总司令的徐源泉放任手下孙殿英盗挖清东陵墓地，并接受了孙殿英的贿赂，后将部分受贿所得宝藏据为己有。1949 年，徐源泉去了台湾，并于 1960 年在台北病逝。至于他将东陵宝藏藏在何处，时至今日仍然没有定论。

第五章 慈禧陵藏宝探秘

曾经有一位西北某大学历史系教授悄然来到徐源泉公馆所在地新洲区，他走访了当地多位老人，且广泛收集资料，求证清东陵宝藏的下落。该教授推测，清朝东陵被盗部分宝物，有可能埋在徐源泉公馆的地下。

1994年，时任新洲区文物管理所副所长的胡金豪检查发现公馆密室的墙上没有糊上泥巴，有一面墙的砖参差不齐，似乎墙是临时砌上去的。由于某种原因，他没有进一步调查。

1994年9月18日，胡金豪走访了当时93岁的徐公馆的女用人袁一全。据袁一全回忆说，孙殿英盗清东陵后不久，徐源泉也因此发了财，修建了徐公馆，当时建房用的是武昌城

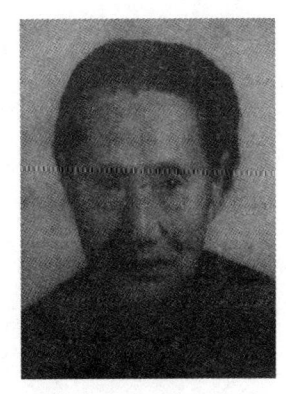

徐源泉公馆的女用人袁一全

墙上的砖。公馆建成后，国民党曾在徐公馆附近枪毙过人，怀疑被枪决的人是修房的工匠。

胡金豪走访当时60多岁的夏名老人，夏家曾与徐公馆相邻。据夏老转述其父亲的说法，1931年6月15日，红军打下仓埠时，号召穷人分富人的财产，夏家因此分得徐公馆的一个明代的花瓶。但红军走后，分走的财产又都被徐家要了回去，徐公馆的财宝并未丢失。

新洲区仓埠街74岁的林庚凡介绍说，他是徐源泉姐姐的养子。他10岁时曾到徐公馆去玩，发现地道里尽是值钱的东西。徐源泉的妻子有一顶金光闪闪的凤冠。

1940年，徐公馆被日本兵占领过。"文化大革命"时有人曾在徐公馆门前的空地下挖出过一批军火。

徐源泉公馆有可能藏有清东陵宝物的消息在新浪网发布之后，很快引起世人的关注。

中新湖北网 2001 年 3 月 13 日也发布了一则消息说："武汉市新洲区近日传出一则消息，清东陵被盗部分财宝可能藏在该区的徐源泉公馆。这则消息也引起了徐公馆原主人徐源泉儿子徐钧武的关注。"

据《楚天都市报》报道，75 岁的徐钧武向记者出示了 1985 年 2 月的一份公证书，是武汉市公证处就徐源泉遗产继承之事而出具的，其上说徐钧武、徐明为其子女（徐明现居美国）。

徐钧武说，其父徐源泉曾任国民党第六集团军总司令，而"东陵大盗"孙殿英为其麾下第十二军军长。

1928 年，孙殿英秘密挖掘了清东陵慈禧陵和裕陵，盗窃了大批金银财宝。作为孙的顶头上司，徐源泉被怀疑受了其贿赂。1949 年，徐源泉飞往台湾时并未带多少行李。有专家据此推断，这批财宝可能埋在徐源泉在新洲区建造的徐公馆的地底下。

徐钧武说，鉴于 1931 年的徐公馆只是一幢普通的两层木制建筑，有一个普通的地下室，自少离家的徐源泉及其家人并未在此居住。徐源泉解甲还乡后，一直住在武汉市区，1948 年他到广州开会，写信让徐钧武去，徐钧武去了才知道，其父已决定不回武汉了。如果说有什么东陵财宝的话，肯定会要他带过去，或嘱咐他将财宝转移。他们从未听说清东陵财宝的事，徐公馆藏宝的可能性不大。

第五章　慈禧陵藏宝探秘

人奶与美容秘籍

慈禧陵地宫开放后，很多人都是为了一睹慈禧地宫的样子而来观看，看看死后慈禧所葬地宫的规制。当看到真实的慈禧陵地宫后，都不免有些失望，或者说是失落。在关注慈禧地宫珍宝后，更多的人士打听，慈禧地宫有没有发现慈禧的美容用品和美容秘籍一类的物品。

据笔者所知，慈禧地宫清理时未发现美容用品和相关秘籍，清理慈禧内棺时也没有发现相关的物品。这是因为，慈禧地宫被盗之初，是孙殿英匪徒所为，都是一些只认钱的粗鲁汉子，即使有美容秘籍，也不会被重视，或扔在地宫或被毁。1984年清理慈禧内棺，当时内棺情景是1928年溥仪派人重敛尸骨后的原貌，也没有在慈禧陵地宫发现任何有关美容方面的物品。

关于慈禧的美容术，我们通过慈禧留世的照片，可窥视她的容颜

慈禧皇陵：大清陵墓解密

慈禧像

慈禧扮普陀山观音，李连英扮韦陀

还是娇好的。慈禧留世的照片很多，据说光在皇宫中的照片就多达786张，分为四大类、31种。

第一类以单人照为主，大部分标有"大清国当今圣母皇太后万岁万岁万万岁"横幅，而且有"光绪癸卯年"年号。

第二类是化妆照，即慈禧扮观音，头顶五佛冠，端坐在莲花座上，身旁有披着袈裟的太监侍立，或有太监、女子（其中常有奕匡的四女儿）奉陪。背景上挂着"普陀山观音大士"七个大字。后面彩绘竹林山石，真有些成仙得道的架势。

第五章 慈禧陵藏宝探秘

慈禧生活照

第三类是生活照,如行走在颐和园途中,与妃嫔、太监,或在船上或在殿前等留影。

第四类是外事活动,接见外国使臣夫人时的合影。

这些照片不仅真实地记录了宫廷生活的陈设、服饰等方面的状况,对研究清朝宫廷生活也是十分珍贵的资料,还是人们研究慈禧心态和容颜的资料。

晚年的慈禧,仍然十分注重容颜的美观。为了减少脸上的皱纹,保持皮肤的细嫩,她的美容方法是:长年累月地使用玉棍按摩,往脸上涂蛋清、脂油,定期服用珍珠粉,每天清早喝人乳。

慈禧身边的女官德龄在《御香缥缈录》中对慈禧的驻颜术作了详尽的描绘:若论以按摩、涂抹脂油、服珍珠粉来保护肌肤是不足为怪的,而慈禧每日喝人乳则是一大奇闻。

野史小说对此也多有描述,然而慈禧喝人乳的细节,究竟是否属实呢?

答案:情况属实。笔者偶尔在清宫档案中找到了依据,慈禧身边有供人乳的嬷嬷,慈禧确实喝人乳。

据记载,慈禧确信最有驻颜功效的便是人的乳汁,因此她每天得喝大半茶碗人乳。但在她当皇太后的几十年里,皇宫里并没有人生孩

光绪帝瑾妃、德龄、慈禧、容龄、容龄之母、光绪帝皇后（从左至右）

子，也不曾养着一个半个未离哺乳期的婴儿，宫中却仍雇有乳母。

德龄在《御香缥缈录》中写到：慈禧的乳母乃是很谨慎地从那些旗丁的妻子中选进来的。她们自然都是才生产过的少妇，选的时候非常认真；体格、面貌以及身上洁净不洁净，都是很重要的条件。有时候也许选到了一个特别满意的妇人，她的面容又长得极好看，太后就一定要长期地将她雇用下来，并多分些钱给她，让她好去另雇一个乳母，喂养自己的孩子……通常总是同时雇着两三个，叫她们带着孩子一起住进宫来，每天早上轮流着挤乳出来，给慈禧服食……只是在每天早上挤乳的时候，慈禧却不敢信任她们，总得在我们（慈禧身边女官)中间派出一人出去监视。

这些乳母都是从上三旗的妻子中选进来的,都是一些二三十岁、刚生产过的少妇。选择这些乳母也是有一定标准的,一是体格好,二是相貌好,三是奶水质量好,条件极其苛刻严格。一般常雇用三个乳母,并允许她们带孩子一起进宫居住,每天早上轮流着挤乳汁供慈禧服用。这些乳母均被纳入侍从之列,虽然她们有特别优厚的生活待遇,可是每天早晨挤乳汁时,都要被人监视。

对于慈禧喝人乳的习惯是从何时开始的,清末太监信修明在《老太监的回忆》中说:慈禧喝人乳是从补病后的身体才开始的,当时慈禧50岁。德龄则是这样说的:慈禧这种服食人乳的习惯,并不是从老年以后才开始的,当她年纪很轻的时候,就每天要喝这么一大杯了。后来咸丰帝死后,慈禧还正当年,但她还继续喝着人乳,宫内便少不得要养着两三个乳母。

据宫中的太监回忆,慈禧挑选提供人乳的乳娘的方法是这样的:先让待选的乳娘将乳汁挤到盘中,然后放在太阳光下晒,有晒成血水的,有晒成泄渣而腥臭的,最后只有晒干后白洁如脂者才能入选。京东三河人孙氏,入选后的乳汁很合慈禧的口味,慈禧为孙妈妈赐名"福长",并为她的孩子赐名"福寿"。

喝人乳是否真的对美容有效,德龄从滋补营养和心理作用两方面做了详细的分析:服食人乳能否产生驻颜的功效?依我说是能够的,谁敢说不能呢?既然一个初出世的婴孩在服食人乳之后,便能渐渐地长成起来,于此便可见人乳确是一种富于滋补的东西;而且我们试看正在服乳时期的婴儿,他们的肤色总是非常白润,那么人乳能使一个

清末四名太监,右起:张海亭(长春宫太监)、刘兴桥(养心殿御前太监,七品补服)、王凤池(养心殿东夹道二带班,六品补服)、杨子真(养心殿御前太监)

已入暮年的老妇人的面色重新转为白润,也是大有可能的事……何况这个老年人自己既已确信人乳是足以帮助她挽住正在跨着大步走过去的年华的,则在她服食的时候,心理上必有一种信仰,精神上也必是愉快的;我们都知道凡服食一种我们对它具有信仰的药饵,奏效往往分外灵速,人乳何独不然!

虽然太监的回忆可能有失误,如"福长"妈妈并不姓孙,而是"镶黄旗恒喜管领下承应人永顺之妻祁氏",但关于慈禧喝人乳这件事本身来说,绝不是空穴来风,是有清宫档案记载的。

笔者查阅档案得知,自光绪七年(1881)至光绪十年(1884),进宫的嬷嬷共有五位，即慈禧自47岁至50岁时就用这五位嬷嬷的乳汁来滋补。

据《宫中杂件·大宫分》记载，这五位嬷嬷分别是：

福长：镶黄旗恒喜管领下承应人永顺之妻祁氏，年23岁，光绪七年（1881）正月二十六日进宫。

福春：正白旗明勋署理崇光佐领下披甲人灵广之妻门氏，年24岁，光绪七年（1881）三月二十二日进宫。

福桂：镶黄旗恒喜管领下苏拉广泰之妻黄氏，32岁，光绪八年（1882）二月二十四日进宫。

福顺：正白旗耀安佐领下闲散人德顺之妻赵氏，年28岁，光绪九年（1883）三月初二日进宫。

福荣：正黄旗多伦布管领下幼丁存福之妻魏氏，年21岁，光绪十年（1884）闰五月二十一日进宫。

光绪十年（1884）以后，慈禧所用的嬷嬷数量未发现确切的名单。不过，从光绪十二年（1886）在上三旗（镶黄旗、正黄旗、正白旗）应选嬷嬷妇人花名清单内，其中有储秀宫交来的挑嬷嬷28人的名单。名单中有正黄旗8名、镶黄旗8名、正白旗12名，都开具了详细的姓氏、年龄及其丈夫的所在旗别等。这些应选嬷嬷都是上三旗人家的有夫之妇，最长者30岁，最小的才21岁。具体选中几人，目前不得而知。

据太监回忆，慈禧喝人乳的方法是：将奶娘的全身洗净，穿上一件大红紧身上衣，只露出奶头，在乳头上面扣一个白玉乳璧，跪在慈禧床前让她躺在床上吮吸。每天早晚两次，几乎天天如此。为了保证奶水的质量，供给乳母鸡鸭鱼肉等富含营养的荤菜食品，但里面不能加盐，吃的时候也不能够蘸任何调料。据说吃了盐以后的奶水就不好了。但这样一来，乳母吃的东西虽好，其口感也像药一样难吃。

　　德龄曾写到：记得我进宫后第二日早上，瞧着慈禧把那么一杯人乳喝下了肚去，心上总觉得有些异样的不安，竟以为慈禧是一个善于害人的"老妖怪"，她喝人乳就等于魔鬼们在喝人血，那个挤乳汁给她喝的乳母，不久也许就会枯竭而死……其实，正在哺乳期的女人，如果乳汁不被吸食或挤出来，女人的乳汁反而会干枯，再也不会产生乳汁。如果乳房的乳汁被吸食几年后，乳汁即使有，也不会有多少营养了。乳汁的多少与营养成分，与人体的生理机能有关。

第六章 历史的天空

徐广源为了找回清理慈禧内棺的录像带，往返于北京四次，但取回来的只是剪辑过的录像带。慈禧为人由历史去评价，但比较客观地说，很多的清宫大事都是她一手造成的，历史上很多鲜活的人物都丧命于她手，这是毋庸置疑的事实。

找回来的录像带

在国家文物局组织清理慈禧内棺时,有过录像,但录像带并没有给清东陵文物管理处,而是被带回了北京。在清东陵已经开放的四座地宫中,唯一有录像资料的就是清理慈禧内棺。

2000年8月6日,徐广源像往常一样,骑着红旗牌自行车很早地来到位于马兰峪塔山的清东陵文物管理处办公基地上班。

塔山,又称"堂子山",是马兰峪南面的一座小山。因为马兰峪四面环山,其形状有如一艘船,据一位风水家说,如果不在马兰峪这艘船上安上一根桅杆,马兰峪人不但不会发达兴旺,而且随时会有被洪水冲走的可能。当地人据此在风水先生的指点下,在马兰峪南面的小山上修建了一座砖塔,以此来取风水相宜之意。还有传说,马兰峪塔山上有一个通着大海的海眼,用塔才能镇住里面的龙王,防止它在里

第六章 历史的天空

面兴风作浪。到明朝时候，小山上的砖塔因年久失修，摇摇欲坠。当地的乡绅带领百姓一直要求驻扎在这里的明朝大将戚继光为百姓重修砖塔。戚继光深孚众望，自筹资金，将原先的小塔拆掉，

马兰峪塔山

重新修建起一座新的砖塔。当地人为了纪念戚继光，将砖塔称为"戚继光塔"，将此塔坐落的小山称为"塔山"。

徐广源来到办公室，他像往常一样，沏了一杯浓浓的茶水，从书柜中拿出一册抄录的清宫档案，打开笔记本，开始了一天的工作。

每一个搞研究的人都知道，研究清朝历史或者陵寝制度，都必须从最原始的清宫档案中搜寻查找线索。徐广源深知这个最简单而又最难做的事情，他早就为自己定下了这样的目标：在每天的正式上班工作之前，必须读多少页的清宫档案，将其中有价值的内容记录下来，在完成自己当天的工作之后、回家之前，还要看多少页的《清实录》。徐广源喜爱清朝历史，研究清朝陵寝是他最大的乐趣。看了没多久，便有领导找他。

慈禧皇陵：大清陵墓解密

塔山永旺塔旧影

第六章　历史的天空

《清实录》书影

"老徐,有一个重要的事情,交给你去办!"领导正在屋子里踱步,"我和其他几个领导考虑了好几天,认为只有你才是办这件事的最合适人选。"

"让我办啥事?请领导尽管吩咐!"徐广源回答道。

"就是找回关于清理慈禧内棺的那盘录像带,"领导停顿了一下继续说:"因为你不仅与国家文物局的人熟悉,而且你还是清理慈禧内棺的当事人,你办这件事最合适。办好这件事情对于咱们搞文物研究是很有意义的!"

"我试一试吧。"徐广源心里有些没底。

"什么试一试,你一去保准没问题!"领导有些不满意地说。"你现在就去准备一下，明天就动身。能要回原带子更好，不中的话（当地土语，意思就是不行或不能的话）就复制一份。"领导不容置疑地说。

找回记录自己曾经亲身经历过的录像带，是徐广源早就想办的事。许多国内外的朋友都问过自己清理慈禧内棺时的情景，虽然可根据回忆向人们详细解释，但人们还是对未能亲眼看一下当时的录像感到遗憾。徐广源深知此事的难度：清理慈禧内棺距现在都已17年了，国家文物局的人是否还曾记得这盘录像带？即使能找到这盘录像带，是否还能使用？国家文物局是否同意拿回或复制？这些都是问号。虽然自己与国家文物局的人很熟悉，但那只是私人之间的交情，这么大的事是不能靠个人交情的……徐广源心中带着许多的问号出发了。

2000年8月7日上午10点30分，徐广源走进了国家文物局的办公室。在办公室里，徐广源向正在工作的几位年轻人打听曾参加过清东陵清理慈禧内棺的杨同志，询问清理慈禧棺椁录像带的下落。这几个年轻人的回答既简单又明了：不知道。这也难怪，打听17年以前的人和事情，现在的年轻人有谁会知道或记得呢？当年的人现在由于退休、调动等原因都换了好几茬了，物是人非，寻找起来确实很难。

徐广源带着无奈的心情走出了国家文物局，时间已经是上午11点多了。"先吃点儿饭，下午找郭处长打听打听。"徐广源心里想着。郭处长是国家文物局颇有声望的老专家，不仅才华横溢，而且平易近人。近几年来主要负责中国的世界文化遗产的申报工作，因为清东陵申报世界文化遗产，徐广源为写清东陵世界遗产的文本没少找他，因

第六章 历史的天空

此跟他很熟悉。

徐广源心里一边琢磨着事情，一边走着路，走着走着，抬头一看，无意中来到了故宫博物院的北大门——神武门。故宫博物院是徐广源最熟悉不过的地方了，这里有他许多要好的朋友，素有他的第二工作单位之称。"找苑女士待会儿，一边吃饭一边向她请教个问题。"徐广源想到这里，抬脚向故宫大门里走去。

苑女士是故宫博物院宫廷部副主任，是我国清史专家，因为工作关系，与徐广源成为莫逆之交。

在故宫的隆宗门饭店吃饭的时候，徐广源与苑女士谈起自己的这次北京之行。这时门口走进一个人来，苑女士打断了徐广源的说话："帮助你的人来了！"徐广源回头一看，走进饭店的那个人他认识，是曾在清东陵工作过的国家文物局的高级工程师张同志。张同志近两年来正在主持故宫建福宫花园的复建工作。

"老徐，你不在东陵待着，跑北京干什么来了？"因为关系很熟，张同志与徐广源开起了玩笑。徐广源将自己来北京的事一五一十地告诉了张同志。

张同志听了，说："今天你遇到我，是你的福气。我知道你找的杨同志在哪儿，他现在在历史博物馆（工作）呢！"随即张同志提供了杨同志的电话。真是熟人多好办事呀！

吃过午饭，徐广源辞别了苑女士、张同志，找了个电话亭，很快就联系上了杨同志。杨同志告诉他，录像带现在在中国文物研究所保管。

徐广源乘车赶到中国文物研究所，找到了研究所的吴所长，讲明了来意。吴所长非常热情,虽然他不知道录像带的事,但很热情地将徐广源领到文物资料信息中心办公室。经过办公室人员的查找,确定清理慈禧内棺的录像带就保存在他们那里,但是吴所长表示:"原始录像带肯定不会给你们,能不能让你们复制,我们还得研究研究,一星期后听信儿吧!"

虽然没能将录像带拿回清东陵,但徐广源心里依然很高兴,毕竟找到了录像带的下落。至于研究所为什么不将录像带给东陵,有可能出于以下原因:慈禧内棺清理行动虽然属于国家行为,是为保护历史文化遗产而不得不采取的行动,但清皇室的后裔还在,慈禧的后人还有,考虑民族和个人的感情,录像带不宜流传到社会,这也包括她陵墓地的管理者。

徐广源回到清东陵后将情况向领导做了详细汇报。领导让他负责这件事,一旦有了回话,马上去北京。徐广源每天都在焦急地等待中国文物研究所的电话。一晃 20 多天过去了,北京方面依然没有回信。清东陵的领导等着急了,让徐广源去北京问一问情况。

2000 年 8 月 29 日,徐广源再一次进京。这一次,他直奔中国文物研究所。刚走进研究所,遇见了郭处长的夫人、国家文物局高级工程师张女士。张女士认识徐广源,热情地将他领到了自己的办公室,并且又带领徐广源找到了吴所长。

"经过研究,我们同意你们将录像带复制一份,作为资料保存,供研究使用。但不能公开放映!"吴所长被徐广源的执着精神所感动,但同时表示了研究所的意见。

吴所长将徐广源领到资料信息中心去取录像带,但办公室的工作

第六章 历史的天空

人员告诉他，保管录像带的同志到外地出差了，几天不能回来。同时对徐广源说："这种录像带不能拿到社会商业单位去复制，一是保密，二是防止录像带损坏，应该在较大的国营单位去做，最好到电视台复制。为了节省时间，先联系一下复制单位，等找好了复制单位，保管录像带的同志也回来了。"徐广源一听，研究所的同志说得在理，表示了深深的谢意。

从研究所出来，徐广源就想到了在中央电视台工作的朋友编导老于。老于也是因工作关系与徐广源成为朋友的。制作相关节目时，经常到清东陵拍片子。徐广源找到老于，说明来意，老于非常痛快地答应了。

2000年9月15日，徐广源为录像带的事情第三次进京。办理了相关的手续后，从研究所借出原始录像带，将录像带送到中央电视台准备复制。

2000年9月18日，中央电视台的老于等人来清东陵拍片子，将原始的录像带和复制好的录像带一并交给了徐广源，徐广源将复制的录像带交给了单位领导。

2000年9月25日，徐广源随同中央电视台摄制组回到北京，第二天上午，将原始的录像带交还给研究所资料信息中心。因保管徐广源借条的人不在，一位被叫作"老刘"的同志代收了录像带，并为徐广源打了一个"已收回原始录像带"的收条。

为了找回清东陵记录清理慈禧内棺的录像带，徐广源先后四次进京，费了不少的周折。现在，那盘记录清理慈禧棺椁的珍贵录像，被保管在清东陵文物管理处的档案室里。

需要说明的是，中国文物研究所允许复制的录像带，是一盘经过剪辑和配有解说词与字幕的录像带，也非最原始的录像带。原始录像带自清理慈禧内棺开始至结束，将近一天的时间，因此录像带并非只有一盘，而应是多盘，应该还保存在中国文物研究所。

第六章　历史的天空

为这段历史正名

暗淡了刀光剑影，远去了鼓角铮鸣，眼前飞扬着一个个鲜活的面容，湮没了黄尘古道，荒芜了烽火边城。岁月啊你带不走，那一串串熟悉的姓名，兴亡谁人定啊……

这是电视剧《三国演义》的片尾曲，这首歌曲凭借着苍凉而荡气回肠的曲风奠定了历史咏叹歌曲的巅峰，令人泪奔又激情。每当听到这首歌，笔者不禁想起了清朝的一些历史人物，尤其是慈禧。

1997年7月前，笔者在慈禧陵工作，时常习惯站在慈禧陵前马槽沟上的右侧平桥上，眼望着慈禧陵的隆恩门，看着游客进进出出，时不时幻想出一些历史的场面，如果回到慈禧那个年代，我会是一个什么样的角色？不过这是一个有趣的问题，历史已是过眼云烟，容不得假设。

历史上的同治帝、同治帝皇后、慈安、光绪帝、珍妃,哪个不是极为聪明伶俐的人?但他们都败在了慈禧面前,为了权力和利益,慈禧对谁都不留情和手软,不过纵观历史,政治家玩弄权术都如此。

同治帝亲政刚一年,还未来得及施展政治抱负的时候就折损了,真的很可惜。就是因为与慈禧不是一个心思,不配合慈禧的政治。母子最后反目成仇。

同治帝皇后阿鲁特氏是个历史悲剧,贤淑的女性嫁错了郎,进入了皇宫,婆婆慈禧是个厉害角色,不给她任何机会,导致生前受气,死后遭人侮辱。真是生不逢时,命运不济,死后不安。

慈安,曾经和慈禧是姐妹,但因与慈禧性格不合,政治抱负不同,遭到暗害,最终落了一个死因不明的下场。不怕驴队友,就怕驴害友。

光绪帝最为悲催,自从进入皇宫,就没得到父母的爱,名为皇帝,实为玩物,落到慈禧的手里,如同待宰的羔羊,任慈禧摆布,最终还是惨死于非命。

珍妃虽然得到了爱情,但也为爱情付出了代价。在皇帝的眼皮底下,遭到慈禧的羞辱、毒打、禁闭直至惨死,是大清建国最为悲惨的名妃,其心灵的伤害不能用言语表达。两个女人间的仇恨由一个人担,落了个命丧深井。

以上这些人都可悲可叹,他们都与慈禧在一起或生活或共事过,如此看来,历史上的慈禧,真的是很可怕的。

笔者对慈禧陵研究多年,目前针对有关慈禧陵的一些不实传闻,

第六章　历史的天空

一一提出来，或共同学习或指正错误。

一、有人说，孙殿英打开慈禧陵的时候，地宫口喷出一股强烈的气浪，把人都喷出去了，当时盗宝的士兵都吓坏了，以为里面有机关。

这种说法不可信，缺乏起码的常识。孙殿英盗陵时是1928年7月份，当时天气渐热，根据常识所知，地宫内温度低于外面温度，慈禧地宫设有排水系统，地宫内比较干燥，地宫内不可能有气浪，更不可能是热浪。即天气越热，地宫温度越低。地宫关闭才20年，哪来的热气？实际上是由于长达20年的封闭，里外压差造成的。

二、有人认为，慈禧遗体被盗匪用刺刀割破了嘴，目的是取其口含的夜明珠。根据是慈禧遗体照片显示，慈禧腮部有一道裂痕。

这个说法是无稽之谈，根本不可信。慈禧腮部裂痕，有可能是取珠宝所致，但不可能用刺刀，最多是撕裂。

三、慈禧遗体遭奸污。根据民国时期出版《时事白话》的记载，需要说明的是，此说完整记载是有人欲"想入非非"，但被劝阻，"谓尸奸不利"。

此说纯粹断章取义。从清理慈禧内棺和溥仪派人殓的记载所看，慈禧只是上身裸露，下身是穿着裤子的。至于是否穿着裤衩，不得而知。

四、某些社会人称慈禧是汉人，是小脚。

慈禧是满人，脚是天足。在慈禧身边生活过的德龄、卡尔等人也通过记载称慈禧是天足。慈禧入葬时所穿的鞋，目前还在清东陵展出。

五、有人称，慈禧陵地宫入口是被炸药炸开的。

此说法不可信，慈禧地宫盗口非炸药炸开，据一张老照片显示，慈禧陵地宫入口处插有一把军镐，由此看来，盗口是人力所挖。

六、溥仪派人重殓后，隧道券被封住。但据后来发现，慈禧陵地宫又被人打开，为什么地宫里的物品没有丢失？这个问题一直困扰着笔者多年。

慈禧虽然寡居多年，但身边不仅仅有宫女、太监，为了排遣寂寞，各府王妃、福晋以及重臣的女儿，都是需要到皇宫慈禧身边陪侍的，所以德龄、容龄才有机会在慈禧身边做女官，精通多国语言，父亲裕庚，做驻外大使多年，在皇宫中生活了两年，为慈禧做翻译，但是由于其母法国人爱占小便宜，在皇宫中有偷窃行为被发现，于是慈禧找借口将此二人辞退，也有人说德龄看上了光绪帝，欲嫁之，为光绪帝传递新闻信息，这种说法的可能性还是有的。笔者为此专门读过她们写的回忆录，从中可以看出，德龄还是很同情光绪帝的。至于德龄、容龄两人如何出宫，两人的借口如出一辙，均是父亲病重，要照顾父亲。

纵观历史，慈禧虽然孤独，但并不寂寞，她的活法毁了世间的三观，甚至灭绝人性，是性格和品质的真实表达，但是她活得潇洒，也淋漓尽致，她死后名声不好，但有谁又敢在她活着的时候说一些她不爱听的话呢？从另外一个角度说，慈禧的一生，也最为率真。

后　记

　　《慈禧皇陵：大清陵墓解密》初稿今天正式写完了，回想两个月前，我受好友赵维宁老师约稿，让我写有关"康熙陵""慈禧陵"和"乾隆陵"的三本书，因为这三座陵寝我已经写过多次，如果再写，也不会有太多的新内容，所以当时就想推掉。赵维宁老师知道我的顾虑后，跟我进行了多次开导式长谈。他想让我以档案、正史为基础但又不用档案罗列，可以讲小故事，但不以故事为准，仅为引子，这样既有知识性又有趣味性，以作者讲故事的方式面对广大读者写这本书。他的这个想法我感觉很有意思，也和我以前想过的写作方式相契合。对我来说也是一种新的写作手法，加之我具备多年清朝陵寝的丰富知识、写作经验和赵维宁老师的帮助，最终我同意尝试一下。

　　对于慈禧陵我印象极深，它本身留给人的印象就深刻，与其他陵相比，尤其是与西侧的慈安陵比，三殿豪华奢侈，用料的质量均高于慈安陵，彩绘更是技高一筹。参观慈禧陵后，就无须再看慈安陵，除非是研究者。

慈禧陵虽好，但也要会看，如果对于慈禧陵一点知识不知道的话，根本看不出来哪好、哪出众。比如在慈禧陵，我们可以看看石雕刻，明显的就是隆恩殿前的那块丹陛石，然后是隆恩殿的石栏杆等。三殿所用木料，虽是金丝楠名贵木料，但对于外行人来说，看不出来这种木料与普通木料有什么区别。三殿的扫金和彩绘，看到后也只是金光闪耀，黄澄澄的一片。隆恩殿金龙盘玉柱，其实当初三殿所有外露柱子都有盘龙，现在所见的四根盘龙柱是复建。如果三殿六十四根明柱都有盘龙，那又将是另外一种场景——震撼和奢侈。所以，我们对此都熟悉了，再看到这些实物，两相比照，才能更加熟悉历史和喜欢。在我的印象中，很多责编老师都是先喜欢、甚至不熟悉清陵的，但是自从看到我写的书稿后，无一例外地都喜欢上了清陵、甚至是热爱上了清陵。比如赵维宁老师，自从编辑出版我的书后，对有关陵寝和盗墓的新闻及影视作品就非常关注，也发自内心地喜欢。也正因此，他这次组稿，首先想到的是我，非常感谢，清陵的确很好，它的历史和故事也很有意思。

每次写稿，我喜欢写上几句后记，一来表达我对清陵的喜欢，二来介绍稿件写作的背景，三来借此表达我对朋友给予的支持和帮助的感谢。

最后，希望此书出版后，依然能得到朋友们的支持和喜爱。在此也表达我对北京的张元哲、贾嘉，唐山的李宏杰、冯建明、石海滨，四川眉山代奎等朋友的感谢，感谢在我生病住院时的支持。

一粒小尘土　徐鑫
2021 年 12 月于思正书屋